LE PHILOSOPHIE DE KANT ET L'ÉDUCATION

Du même auteur :

Ethique et politique. Ve Semaine congolaise de philosophie, Paris, Editions Paari, 2004, 252p.

Emmanuel Kant. Introduction à sa Philosophie Critique, Paris, Editions Paari, 2003.

Jean-Paul Sartre. Introduction à sa Philosophie de l'Existence, Paris, Editions Paari, 2001.

5-7, rue de l'École-polytechnique ; 75005 Paris

http://www.librairieharmattan.com
diffusion.harmattan@wanadoo.fr
harmattan1@wanadoo.fr

ISBN : 978-2-296-55966-0
EAN : 9782296559660

David MAVOUANGUI

LE PHILOSOPHIE DE KANT ET L'ÉDUCATION

Préface d'Abel Kouvouama

Département de Philosophie
Faculté des Lettres et des Sciences humaines
Université Marien Ngouabi de Brazzaville (Congo)

L'Harmattan

Kwe ngeye mama Ngundu, na kwe ngeye mama Tete

Préface

Il est un double paradoxe qui préside à cet exercice périlleux que constitue le fait d'écrire une préface pour un ouvrage destiné à être lu par un public avisé et par des néophytes : c'est d'une part, celui qui consiste pour le préfacier à dire de manière autorisée et avec autorité, l'intérêt intellectuel et scientifique que constitue l'ouvrage de David Mavouangui sur *La Philosophie de Kant et l'éducation* ; le second paradoxe, c'est d'autre part, rendre raison de ce qui justifie l'intérêt d'une telle entreprise scientifique pour quelqu'un qui n'est pas spécialiste de Kant. Pourtant cet exercice n'est pas fortuit. Il ramène à la surface, et pour moi et pour l'auteur, des expériences historiques qui conduisent inévitablement au rappel des conditions historiques qui m'ont permis d'entrer en commerce intellectuel avec la philosophie de Kant ; et de livrer par la suite la pertinence philosophique de l'entreprise de l'auteur. Un rapide détour philosophique et anthropologique s'impose pour la circonstance. Formé dans les années 1970 à l'Université de Clermont-Ferrand aux études philosophiques et anthropologiques grâce aux enseignements entre autres, de Jean-Claude Beaune, de Catherine Larrère, d'Anne-Marie Moulin, de Demè Goldschmidt et de Victor Goldschmidt, j'ai pu bénéficier d'une solide formation aux philosophies de René Descartes, de Jean-Jacques Rousseau et d'Emmanuel Kant notamment. La question des Lumières, de l'éducation et celle de la formation de l'individu dans la cité me préoccupaient davantage et continue de me préoccuper. Les enseignements de Victor Goldschmidt sur l'anthropologie de Jean-Jacques Rousseau et de Kant m'ont incité plus tard, après une formation et une soutenance de thèse en anthropologie en 1979 à l'Université René Descartes (Paris 5), à soutenir une autre thèse en 1982 à l'Université Paris-Sorbonne (Paris 4) sur la philosophie politique de Jean-Jacques Rousseau. La question de l'éducation chez Rousseau et chez Kant m'a conduit en 1985, trois ans après ma prise de fonction comme Directeur du département, à inscrire ces deux auteurs parmi d'autres dans le programme d'enseignement de la philosophie au département de philosophie de l'Université Marien Ngouabi de Brazzaville. C'est en 1986 que j'y accueillais comme enseignement permanent quatre collègues spécialistes de la philosophie moderne et contemporaine, dont David Mavouangui qui s'est spécialisé dans l'enseignement de la philosophie de Kant. Ce livre qu'il consacre à la philosophie de l'éducation de Kant s'inscrit dans la suite de ses réflexions entamées depuis les années 1980 à l'Université de Poitiers. A ce sujet, deux idées singulières évoquées dans son ouvrage m'interpellent et font signe de sens par rapport à mes champs d'expérience et de savoir : c'est d'une part, l'intérêt qu'il porte à la question de l'humanité en l'homme dans la philosophie pratique et éducative de Kant ; d'autre part, la question de l'état de nature chez Rousseau dont l'influence a été utile pour Kant dans l'édification de ses idées sur l'éducation.

En premier lieu, ce que le discours critique de Jean-Jacques Rousseau valorise sur le monde social, c'est la description de l'homme dans son antériorité sociale ; celui-ci est au fondement de l'hypothèse philosophique de l'existence de l'état de nature à partir duquel il tente de décrire l'homme universel abstrait, à peine certes « sorti des mains de la nature » ; mais qui jouit d'une totale complétude, d'une liberté et d'une indépendance absolues parce qu'ainsi conçues à l'image du divin. Or, dans la tradition philosophique, l'idée de nature, souligne Victor

Goldschmidt[1], recèle un double sens positif et négatif. Dans son sens négatif, elle signifie, absence d'industrie et du commerce des hommes ; dans son sens positif, elle se confond avec la raison et qualifie l'état de nature dans son opposition à la condition animale. Et la raison rend l'homme apte à recevoir la loi naturelle par ce que faisant aussi partie de la nature humaine. Ainsi ce qui est affirmé derrière l'idée de nature, c'est note Goldschmidt, « *L'existence d'un ordre universel, nécessaire et spontané* »[2]. Pour Jean-Jacques Rousseau, c'est par le biais du principe de perfectibilité que l'homme prend conscience et réalise la possibilité de constituer une communauté d'intérêts à partir de cette double appartenance, à savoir celle d'appartenir à une même espèce et celle de partager les mêmes misères et les mêmes souffrances. Et si l'homme culturel est pour Jean-Jacques Rousseau un être dénaturé, c'est parce que cette dénaturation est inscrite dans sa nature d'être perfectible ; C'est pourquoi à ses yeux, l'une des tâches de l'éducation de l'individu consiste, dans la communauté politique d'individus liés par le fait contractuel, à promouvoir dans un progrès continu, une éducation du corps et de l'esprit. C'est entre autre cette idée de perfectibilité que Kant prend en compte dans l'éducation qui devient ainsi pour lui, comme le souligne ici parfaitement David Mavouangui, « *un problème pour l'homme ; elle doit réaliser cet idéal d'humanité, ce progrès indéfini que ne cesse de poursuivre l'être raisonnable* ».

En second lieu, la voie de la morale qu'emprunte Kant pour penser également l'universalité de l'humain lui permet de poser ainsi la question de l'éducation en termes de contraintes ; je dirai même en termes de *sens pratique*

---

[1] Victor Goldschmidt, *Anthropologie et politique, les principes du système de Rousseau*, Paris, Vrin, 1974, p. 226.

[2] *Ibid.* p. 226.

dont la morale en général se trouve au centre du rapport entre la théorie et la pratique ; c'est-à-dire : dans la morale appréhendée du point de vue du bien de chaque homme ; dans la morale politique en rapport avec le bien des Etats ; et dans une perspective cosmopolite du point de vue du bien de l'espèce humaine dans son ensemble.[3] Assurément, cette humanité que Kant convoque à travers sa réflexion sur l'éducation – et que David Mavouangui s'est employé à en explorer plusieurs facettes – reste une question d'actualité ; d'une actualité si discursive qu'elle oblige philosophiquement à l'appréhender comme « surface d'émergence de la propre actualité de la philosophie », selon l'expression de Michel Foucault ; c'est-à-dire, comme discours de la modernité, comme discours sur la modernité. Et l'on conviendra ici avec lui pour dire que, ce qui caractérise la philosophie comme discours de la modernité, comme discours sur la modernité, c'est qu'elle est à la fois, la surface d'émergence d'une actualité ; l'interrogation sur le sens philosophique de l'actualité à laquelle le philosophe appartient ; enfin, l'interrogation par la philosophie de ce « nous » dont le philosophe fait partie et par rapport auquel il a à se situer[4].

Par ce détour philosophique dans l'univers foucaldien qui poursuit également la réflexion critique sur l'immense œuvre de Kant, on mesure à la fois l'universalité et la singularité de la réflexion philosophique et pédagogique dont la tâche continuelle consiste en l'apprentissage de la liberté par l'exercice de la réflexion. Et David Mavouangui a raison de conclure son essai sur

---

[3] Emmanuel Kant, *Théorie et pratique. D'un prétendu droit de mentir par humanité. La fin de toutes choses*, Paris, Flammarion, 1994, p .48 (Introduction, traduction, note, bibliographie et chronologie par Françoise Proust).

[4] Michel Foucault, *Le gouvernement de soi et des autres. Cours au Collège de France. 1982-1983*, Paris, Gallimard/ Seuil, 2008, p.14.

l'importance et la place de la culture qui fonde le sujet humain dans la philosophie critique de Kant lorsqu'il souligne en référence au *Traité de pédagogie* de Kant que deux formes de culture constituent chez lui l'éducation humaine. La culture physique qui fait appel au déterminisme et la culture morale qui est véritablement celle de la liberté. La philosophie et l'anthropologie réflexives trouvent ici un terrain de dialogue fructueux[5] que la communauté philosophique congolaise n'a cessé depuis 1987 d'entretenir à travers la Société Congolaise de Philosophie (Sophia, que j'ai contribuée à faire exister), et pour laquelle David Mavouangui a été et reste avec d'autres collègues sur le terrain congolais, l'un des animateurs les plus avisés pour le seul triomphe de la raison philosophique et éducative.

Que la « libération du concept » se poursuive avec intelligence créatrice et inventive en croisant d'autres regards des sciences sociales et humaines sur le monde social !

Pau, le 20 octobre 2011

Abel Kouvouama, Professeur des universités,
Laboratoire ITEM, Université de Pau et des Pays de l'Adour (France)

---

[5] Lire notamment, Abel Kouvouama, *Modernité africaine, Figures du politique et du religieux*, Paris, Ed. Paari, 2002 ; David Mavouangui, (dir.), *Ethique et politique*, Paris, Ed. Paari, 2004.

Introduction

A priori la philosophie de Kant du point de vue de son essence est une philosophie éducative, dans la mesure où l'examen du problème de la connaissance entrepris dans la *Critique de la raison pure* vise à épurer la métaphysique traditionnelle de ses prétentions à connaître des réalités ontologiques, à assigner des bornes à l'esprit humain, à délimiter son champ d'investigation en vue donc d'une activité intelligible et pratique.

Cette critique limitative[6] mais positive et éducative dans son contenu, va montrer à quel point et à quel degré la raison humaine désireuse d'aller au-delà de l'intuition doit au préalable se saisir intellectuellement, prendre conscience de la maturité de son être, en d'autres termes s'auto-élucider et se dépasser en une raison pratique, source et principe de nos actions, enfin découvrir la loi morale, l'ordre divin, etc.

A bien des égards, l'Idée critique en donnant un contenu pratique à la métaphysique, c'est-à-dire en la transportant du domaine scientifique[7] au domaine de la morale et de la

[6] Cf. Préface de la seconde édition (1787) de la *Critique de la raison pure*, trad. T. et Pacaud, Paris, P.U.F. 1980.

[7] Kant utilise volontiers le terme domaine pour parler du champ réel de la raison pure. D'autre part c'est en termes de droit qu'il pose cette question. « Notre faculté de connaître en totalité possède deux domaines, celui des concepts de la nature, et celui du concept de liberté ; elle légifère, en effet, *a priori* par ces deux genres de concepts. La philosophie se divise donc aussi, en accord avec cette faculté, en philosophie théorique et en philosophie pratique. Mais le territoire sur lequel elle établit son domaine et sur lequel elle exerce sa législation, est toujours seulement l'ensemble des objets de toute expérience possible, dans la mesure où ils ne sont tenus pour rien de plus que de simples phénomènes ; s'il en était autrement on ne pourrait concevoir aucune

liberté, veut se montrer éducatrice, restaurer l'être humain et le restituer dans sa totalité comme sujet libre , « Citoyen du monde ». C'est l'évidence même du résultat de la finitude[8], de la conscience de la finitude humaine observée dans les trois *Critiques* ; l'évidence d'une attitude réflexive, celle de la "Révolution copernicienne". Mais une attitude de vie et de pensée, radicale, transcendantale, qui libère la conscience humaine des données empiriques. C'est d'abord un "dévoilement" (pour emprunter le langage d'Heidegger), un refus des ténèbres, de l'inachevé ; c'est le chemin qui inaugure la foi et la croyance, croyance en l'affirmation de la finalité de la raison ; c'est-à-dire en l'Idée, en l'éducation humaine pensée comme Idée d'un développement, Idée de l'humanité et de sa destination (destinée libre en effet), Totalité morale, Totalité

---

législation de l'entendement qui les concerne », *Critique de la faculté de juger*, trad.A. Philonenko, Paris, Vrin., 1979, p.24.

[8] L'homme est un "animal raisonnable fini" dit Kant, un animal qui a des désirs, des penchants et des besoins. Conformément à son "caractère intelligible" et à l'intention de la nature, il doit se découvrir une loi, agir d'après des règles et s'assumer dans (et par) des actions libres, pratiques en allant au-delà de soi, au-delà de sa finitude. L'idée de finitude est capitale dans la philosophie de Kant, elle commande l'accès à la vie morale. Heidegger trouvera en la finitude humaine le fondement même de l'ontologie et de la métaphysique en général ; l'ambition fondamentale de la *Critique de la raison pure* est d'élucider cette finitude ; « L'instauration du fondement de la métaphysique comme dévoilement de l'essence de l'ontologie est une *Critique de la raison pure* ». *Kant et le problème de la métaphysique*, trad. A. de Waelhens et Walter Biemel, Paris, Gallimard, 1970, p. 74. D'autre part il souligne : « Nous avons entrepris la présente interprétation de la *Critique de la raison pure* afin de mettre en lumière la nécessité, pour l'instauration du fondement de la métaphysique, de poser le problème fondamental de la finitude de l'homme ». *Ibid*, p. 275. Seulement la problématique heideggerienne de la finitude de l'homme est conçue, plutôt comprise en fonction précisément de la mort et de la temporalité ; en revanche pour Kant la perspective finale est celle de la loi morale comme *fait*. Analyse que commente Gerhard Krüger en ces termes : « La raison décisive de la finitude de l'homme pour Kant n'est pas, comme pour Heidegger, la fin absolue, c'est-à-dire la mort, mais elle est l'obéissance morale au commandement inconditionné ». *Critique et morale chez Kant*, trad. M. Régnier, Paris, Beauchesne, 1961, p. 25.

structurée, révélatrice du développement de nos facultés naturelles.

Une transition est donc nécessaire de l'état de nature[9] à l'état de droit, développer toutes nos dispositions naturelles et les conduire à leur but final. C'est en cela que consiste à juste titre l'éducation kantienne, comprise comme terme d'un développement, inhérent aux fins de l'homme et nécessairement pratique ; d'ailleurs le traité de pédagogie de Kant expose les conditions de la réalisation de l'éducation, l'éducation physique et l'éducation pratique. Toutefois la fin de l'éducation, l'éducation totale, émanant du progrès général de l'humanité, de la raison et de la faculté de juger -développement harmonieux naturel de l'ordre et de la beauté dans les choses de la nature- doit être morale : c'est celle qui libère le sujet humain des penchants animaux[10], de "l'immédiateté", bref du monde des besoins et d'inclinations naturelles.

---

[9] A ne pas confondre avec l'état de nature de Jean Jacques Rousseau. Chez Kant l'état de nature concerne l'animalité, c'est-à-dire l'instinct et de façon générale l'esprit humain non éduqué qui ne connaît pas de discipline (la culture en d'autres termes), qui ne connaît de liberté qu'anarchique, complètement subordonné à la nature et aux inclinations de tout genres - notamment l'état sauvage- « L'état sauvage est l'indépendance envers les lois. La discipline soumet l'homme aux lois de l'humanité et commence à lui faire sentir la contrainte des lois. Mais cela doit avoir lieu de bonne heure ». *Réflexions sur l'éducation*, trad. A.Philonenko, Paris, Vrin, 1980 p.71. L'influence de Rousseau sur Kant à propos du mythe de l'homme à l'état de nature, ou tout au moins de l'éducation de la nature, est immense.

[10] « Le penchant est aveugle et servile dit Kant, qu'il soit ou non d'une bonne espèce (*gutartig*) et la raison, là où il s'agit de moralité, ne doit pas seulement représenter le tuteur (*Vormund*) à l'égard du penchant, mais sans avoir aucun égard au penchant, elle doit uniquement, comme raison pure pratique, prendre soin de son propre intérêt ». *Critique de la raison pratique*, trad .F. Picavet, Paris, P.U.F, 1976, p.127. Un passage de la *Critique de la faculté de juger* témoigne également du danger que représente le penchant, « ...toute affection est aveugle, soit dans le choix de son but, soit, lorsque ce but est indiqué par la raison, dans la réalisation de celui-ci ; il s'agit, en effet, de ce mouvement de l'âme, qui la rend incapable d'engager une libre réflexion sur les principes pour, ce faisant, se déterminer d'après ceux-ci », p. 108.

Ce que l'on sait de Kant sans doute c'est la philosophie critique ; mais ce qui importe davantage, c'est son ouvrage fondamental, la *Critique de la raison pure* contenant l'ensemble de la problématique de la philosophie transcendantale qui consiste à mettre en lumière les conditions de possibilité de l'expérience, d'autre part à élucider le mécanisme de la connaissance, précisément la manière dont elle est confrontée au noumène et au problème de la liberté ; problème en effet insoluble comme on le sait au niveau théorique, car il aboutit à une antinomie de l'esprit humain difficile à résoudre. Cependant les bases de la solution de ces sophismes et de ces égarements dialectiques vont être jetées dans les *Fondements de la métaphysique des moeurs* et précisées dans la *Critique de la raison pratique* ; enfin dans la *Critique du .jugement téléologique*, la raison fait apparaître nettement l'harmonie qu'il y a entre nos facultés, et, l'harmonie qui se trouve dans la nature témoignant ainsi de leur sens divin et moral.

La rigueur de cette pensée, son caractère scientifique, sa profondeur épistémologique, nous éloignent souvent du texte consacré à l'éducation, un texte que Kant remit à son disciple Rink ; ce dernier devait le publier plus tard. *Les Réflexions sur l'éducation* sont le résultat d'un certain nombre de leçons de pédagogie données par Kant à l'université de Königsberg entre 1776 et 1787 ; elles témoignent de la volonté de l'auteur de la *Critique de raison pure* de léguer à la postérité des observations d'une longue vie de précepteur, d'une pratique humaine riche d'enseignements, riche d'expériences, etc.

L'intérêt que nous portons à la question de l'humanité en l'homme dans la philosophie pratique de Kant, notamment dans sa pensée éducative se justifie par deux raisons fondamentales. D'abord, il est intéressant d'examiner la démarche de Kant, démarche critique dans l'élaboration de sa théorie éducative, quand on sait qu'elle est au départ influencée par les thèses philanthropinistes de Basedow[11], celui-là même qui entreprit la refonte du système éducatif en Allemagne au XVIII (sans évidemment perdre de vue l'incontestable contribution de Rousseau à l'édification des idées de Kant sur l'éducation). Ensuite, il faut remarquer que ces réflexions s'inscrivent dans une attitude de pensée spécifiquement philosophique, c'est-à-dire qu'elles invitent la conscience humaine à se débarrasser des penchants de la nature en refusant de s'installer dans le flux continuel de l'existence[12], pour suivre enfin la voie qui conduit à la sagesse, à la libération totale de l'homme.

---

[11] « Basedow (Jean Bernard), l'un des pédagogues allemands les plus renommés, né à Hambourg, en 1723, d'une famille pauvre, étudia la théologie protestante à Leipzig, puis se voua à l'enseignement, qu'il exerça d'abord dans le Danemark. Il se fit bientôt connaître par de nombreux écrits de théologie, où, tout en restant fidèle à l'Evangile, il exprimait des opinions avancées, et par des livres sur l'éducation, où il mettait en avant des idées nouvelles sur l'étude des langues et des sciences naturelles. Attaqué pour ses opinions religieuses par les pasteurs orthodoxes, il dut quitter sa place en 1761, et vécut quelque temps à Altona et à Hambourg. En 1771, le prince de Dessau, Leopold-Frédéric-François, qui s'intéressait vivement aux questions d'éducation, l'appela auprès de lui, pour l'aider à réformer l'enseignement dans les écoles de la principauté. Avec les fonds que, sur ses demandes pressantes et répétées, divers princes et particuliers mirent à sa disposition, il créa, en 1774, le *Philanthropinum*, sorte d'institut que devait contenir à la fois un séminaire pour former des maîtres, et un collège avec internat pour des enfants de six à dix huit ans. On y enseignait d'après les méthodes et avec les livres de Basedow -il mourut en 1790, à Magdebourg, où il allait passer quelques mois tous les ans, et où, par goût de l'éducation, il prenait part à l'enseignement d'une école ». Buisson, *Nouveau dictionnaire de pédagogie et d'instruction primaire*, Paris, Hachette, 1911, p. 164.

[12] Il faut considérer les penchants de la nature comme des passions sociales variables, destructrices, « tout est dans un flux continuel sur la terre. Rien n'y garde une forme constante et arrêtée, et nos affections qui s'attachent aux choses extérieures passent et changent nécessairement comme elles. Toujours en avant ou en arrière de nous, elles rappellent le passé qui n'est plus ou préviennent l'avenir qui souvent ne doit point être : il n'y a rien là de solide à quoi le cœur se puisse attacher. Aussi n'a-t-on guère ici bas que du plaisir qui passe », Rousseau, *Les rêveries du promeneur solitaire*, Paris, Garnier Flammarion, 1981, p. 101.

De Basedow, Kant retient la méthode expérimentale, importante dans l'éducation des choses chez l'enfant. L'accent est mis sur la sensibilité et l'effort de la conduire à un développement meilleur, à un degré qui ferait de la perception des choses la qualité première des facultés de connaissance. Ainsi il est question de ne point accorder de privilège à l'écriture, aux mots et aux formules qui enfantent précocement le goût du verbe, goût des discours fallacieux, artificiels.

L'éducation doit prendre le pas sur l'instruction, en d'autres termes les connaissances intellectuelles n'ont aucun sens si l'enfant n'a aucune pratique de la vie. II lui faut donc une connaissance du réel, comme l'observe Pinloche : « Pour Basedow comme pour Locke, l'instruction a moins d'importance que l'éducation ; encore borne-t-il cette instruction aux connaissances d'une utilité immédiate pour les besoins ordinaires de la vie. II donne donc aux exercices physiques et aux travaux manuels une place considérable dans son plan d'éducation »[13]. Pour Basedow, l'éducation doit porter sur la connaissance des objets qui frappent les sens et qui sont constamment à portée des mains de l'enfant. L'éducation doit commencer par là (il faut cependant observer qu'elle est essentiellement utilitaire). Cette méthode d'instruction sensible, intuitive, ne sera pas en tout cas entièrement reprise par Kant. En effet, lorsque nous considérons l'éducation morale, toute la méthode de Basedow s'écroule, car le sujet s'élevant à la conscience morale et au souverain bien ne peut agir en vue des résultats fixés d'avance, s'intéresser à l'utile ; il n'a d'intérêt que pratique, c'est-à-dire sans objet déterminé empiriquement, sans inclination, sans ambition ou désir personnel, seulement la nécessité d'accomplir l'action avec une Bonne volonté.

---

[13] A. Pinloche, *La réforme de l'éducation en Allemagne au XVIIIe siècle - Basedow et le philanthropinisme*, Paris, Armand Colin, 1889, p. 74.

Tout reposera donc sur le *caractère* et non sur l'utile, la raison pour la conscience morale est pratique en elle-même.

Bien qu'il ait apporté une révolution dans les méthodes d'enseignement (par exemple la culture par le jeu, procédé essentiel d'éducation) Basedow avait d'une manière approfondi les idées de Rousseau, notamment les principales thèses de l'éducation de la nature. « L'influence de Rousseau sur Basedow est manifeste : le créateur du *Philanthropinum* a essayé de réaliser les idées contenues dans l'*Emile* »[14]. Rousseau est finalement celui qui bouleversa tout ce qui existait comme théorie de l'éducation, comme méthode pour former les enfants en ce siècle des lumières où toutes les pensées étaient soumises au tribunal de la raison humaine ; même une philosophie rationnelle sur l'éducation fondée sur des principes sûrs, ne pouvait que s'incliner devant la simplicité, la noblesse et la pureté des sentiments développés dans l'*Emile.*

Kant va vérifier la profondeur de ces arguments sur le terrain de l'expérience où il aura d'ailleurs la tâche d'essayer de conduire l'enfant à la maturité, en disciplinant les tendances, en réformant les égoïsmes au profit de la Raison, du *pluralisme*[15], et de la liberté. Comme Rousseau, Kant pense qu'il ne faut pas raisonner avec l'enfant,[16] on ne doit pas le traiter en adulte, il faut plutôt lui apprendre à penser. De manière générale, un certain

---

[14] Buisson, *op. cit*. p.164.

[15] Kant, *Anthropologie du point de vue pragmatique*, Trad. M. Foucault, Paris Vrin, 1979, p. 19.

[16] Raisonner avec les enfants sera le vœu de Locke, car c'est le meilleur moyen de diriger leur esprit et la réussite est assurée en procédant ainsi. « On s'étonnera peut-être que je recommande de raisonner avec les enfants, et cependant je ne puis m'empêcher de penser que c'est la vraie manière de se comporter avec eux. Ils entendent raison dès qu'ils savent parler et, si je ne me trompe, ils aiment à être traités en créatures raisonnables plus tôt qu'on ne se l'imagine ». *Quelques pensées sur l'éducation*, traduction de G. Compayré, Paris, Vrin, 1966, p. 105.

nombre de considérations doivent être respectées, appliquées, elles se ramènent à un seul principe qui les fonde : la nature.

L'ordre de la nature n'a pas besoin d'être perverti dans l'éducation de l'enfant ; il faut suivre la nature. La première éducation sera donc "négative", puisque l'on ne doit pas troubler la nature. Cela exige de la part de l'éducateur la connaissance des vrais besoins de l'enfant, une intuition qui tient compte de l'orientation naturelle de ses facultés. Rousseau ira plus loin ; *Emile* doit se former en dehors des conditions habituelles, isolé à la campagne, sans classe, et comme unique livre la nature.

En effet, pour comprendre Rousseau, l'évocation de l'hypothèse de l'homme à l'état de nature est nécessaire. L'éducation humaine est un échec. L'homme vivant en société est un esclave, esclave des besoins et de la condition terrestre actuelle ; en revanche l'homme sauvage ignore ce qu'est l'amour-propre, les lumières, les arts, le luxe, tous les maux dont souffre l'humanité. L'homme n'est pas libre, la société l'a corrompu en détruisant sa sensibilité primitive et humaine, en l'éloignant de sa nature originaire. II faudra donc réconcilier l'homme avec la vie, avec la nature, et penser un développement naturel de ses facultés.

Kant et Rousseau s'accordent donc sur la nécessité de promouvoir une éducation du corps, prélude à la destination entière de l'homme. Cependant leur position n'est pas toujours semblable, Rousseau s'insurge contre la règle et la discipline, alors que Kant les érige en impératifs inaliénables. L'éducation montrera qu'elle est d'abord contrainte et discipline avant d'être morale. Kant vise parfaitement à travers cette rigueur, cette contrainte et cette obéissance, la formation du caractère.

En définitive, les idées éducatives de Kant sont tributaires des thèses de Basedow et de Jean Jacques

Rousseau : le premier pour lui avoir légué une méthode, et le second pour avoir suscité chez lui la naissance d'une inspiration critique, celle-là même qui permit à Kant d'étendre l'analyse critique à l'éducation humaine, aux problèmes soulevés par la pédagogie, et à la question de la destination morale de l'humanité ; question capitale en effet dans la mesure où elle pose le problème de l'unité de la pensée éducative de Kant ; c'est-à-dire un certain nombre de réflexions sur l'éducation qui se forment véritablement selon le règne des fins, selon la téléologie morale et la téléologie naturelle, à partir des principes de philosophie du droit, de l'histoire et de la politique.

L'éducation devient ainsi un problème pour l'homme ; elle doit réaliser cet idéal d'humanité, ce progrès indéfini que ne cesse de poursuivre l'être raisonnable, et « si nous demandons maintenant dit Kant par quels moyens on pourrait maintenir ce progrès incessant vers le mieux, ou même l'accélérer, nous ne tardons pas à voir que ce succès qui s'enfonce dans le lointain illimité dépend moins de ce que nous faisons (par exemple de l'éducation que nous donnons à la jeunesse) et de la méthode selon laquelle *nous* devons procéder pour y parvenir, que de ce que la *nature* humaine fera en nous et avec nous pour nous *astreindre* à suivre une voie que nous ne nous serions pas frayée sans peine de nous mêmes. Car c'est d'elle, ou plutôt de la *Providence* (car une sagesse supérieure est requise pour accomplir cette fin) que nous pouvons seulement attendre un succès qui concerne le tout, et de là, les parties »[17]. Une sagesse d'en haut devra régler le problème de l'éducation, cette complexe dualité qu'est le sujet humain soumis à la législation universelle et obéissant également à la liberté ; l'élucidation de cette

---

[17]« Sur l'expression courante : il se peut que ce soit juste en théorie, mais en pratique cela ne vaut rien », in Kant, *Théorie et Pratique – Droit de mentir*, trad. L. Guillermit, Paris, Vrin, 1980, p. 55-56.

contradiction mystérieuse[18] nous donnera sans doute la clef de la question de l'éducation humaine, qui est en dernière instance axiologique.

Tâche donc difficile qui ne prétendra nullement esquisser une nouvelle interprétation de la philosophie pratique de Kant, mais seulement un retour au texte lui-même, un séjour dans l'oeuvre, qui nous permettra autant que possible une lecture critique de la problématique des idées éducatives de Kant.Toutefois dit d'Alembert, « on ne cite des faits, on ne compare des expériences, on n'imagine des méthodes, que pour exciter le génie à s'ouvrir des routes ignorées, et à s'avancer à des découvertes nouvelles, en regardant comme le premier pas celui où les grands hommes ont terminé leur course »[19].

---

[18] A propos de cette contradiction, Schelling pense qu'elle est nécessaire dans la mesure où elle favorise d'une certaine manière l'effort vers la connaissance, « Sans cette contradiction de la nécessité et de la liberté, ce n'est pas seulement la philosophie mais encore tout vouloir supérieur de l'esprit qui s'abîmerait ». *Œuvres métaphysiques, Recherches philosophiques sur l'essence de la liberté humaine et les sujets qui s'y rattachent*, traduction de l'allemand par J.F. Courtine et E. Martineau, Paris, Gallimard, 1980, p. 126. Pour Jean Brun par exemple cette contradiction qui est à la fois, « la mesure même de l'homme par l'homme », « toute la riche ambiguïté du kantisme sur ce problème », rappelle le « temps de l'histoire » ; et « l'humanisation du temps de la connaissance et de celui de l'action désacralise le temps historique qui devient ainsi la trace même de la marche de l'humanité ». *Les conquêtes de l'homme et la séparation ontologique*, Paris, P.U.F., 1961, p. 139.

[19] *Discours préliminaire de l'encyclopédie*, Paris, Editions Denoêl, 1984, p.133.

PREMIERE PARTIE

PROBLEMATIQUE

> « Tous les progrès dans la culture, par lesquels l'homme fait son éducation, ont pour but d'appliquer connaissances et aptitudes ainsi acquises à l'usage du monde ; mais en ce monde, l'objet le plus important auquel il puisse en faire l'application, c'est *l'homme* : car il est à lui-même sa fin dernière. Le connaître, conformément à son espèce, comme être terrestre doué de raison, voilà donc qui mérite tout particulièrement d'être appelé *connaissance du monde,* bien que l'homme ne constitue qu'une partie des créatures terrestres »,
>
> Kant, *Anthropologie*, Préface.

1.1. Idée critique et éducation

L'œuvre de Kant immensément riche dans son unité et dans sa diversité a comme projet éducatif de nous inviter à une remise en question de nos opinions séculaires, de nos connaissances traditionnelles et de nos prétentions d'appropriation quasi éternelle de la vérité.

L'itinéraire pour une conscience empirique est celui de la critique, « une invitation faite à la raison d'entreprendre à nouveau la plus difficile de toutes ses tâches, celle de la connaissance de soi-même »[20] ; naturellement « Dans la

---

[20] *Critique de la raison pure*, préface de la 1ère édition. p.7. On pourrait évoquer ici Platon et particulièrement Descartes. Bien que la formulation des concepts soit différente, le *Je pense* kantien s'inscrit bien dans le *retournement.* Certes, la critique chez Kant trouve son achèvement dans la liberté et dans l'action morale. Toutefois en ce qui concerne l'interrogation de l'objet, il y a quand même "continuité" comme le répète souvent Ernest Cassirer dans sa *Philosophie des lumière*s (Fayard).Seulement il faut savoir gré à Kant d'avoir découvert la subjectivité transcendantale qui rompt avec la métaphysique dogmatique, avec les conditions d'élaboration d'une science imaginaire, sans fondement réel. La critique cartésienne porte sur l'usage de la raison, les faits humains, la totalité des connaissances instituées, sans proposer

Critique la raison est conduite jusqu'à ses *limites*, extrêmes : c'est seulement ainsi qu'elle peut elle-même voir clairement sa propre possibilité »[21] ; c'est ainsi qu'« en tant qu'il pense *rationnellement* l'homme juge lui-même de la valeur de ses connaissances »[22] ; ce cheminement révèle la richesse et la complexité de l'expérience humaine. Kant pose le problème de l'éducation en terme de contrainte exercée sur la naïveté de toute conscience humaine, qui doit s'élever au-dessus d'elle-même en se découvrant des tâches pratiques, universelles, nécessaires, au lieu de vivre continuellement dans la médiocrité. C'est sur la voie de la morale que doit s'orienter l'éducation[23].

Dans ce processus qui consiste à purifier la nature humaine afin de s'émanciper, ce qui est premier c'est la prise en charge des facultés de l'homme, précisément la manière dont on doit modeler, façonner l'enfant à l'image de la société puisqu'il est appelé à vivre et à évoluer au sein de la communauté humaine. L'accès à des desseins supérieurs, à l'intelligible, doit commencer par l'éducation de la raison, et « il faut procéder socratiquement dans l'éducation de la raison »[24] par une sorte de retournement pour que le sujet se saisisse en tant que tel et échappe aux intempéries et aux fluctuations des données sensibles. L'attitude critique doit donc prévaloir dans toute tâche pédagogique ; ce qui est visé, c'est d'amener l'enfant à se

---

de solution radicale comme le fera Kant en sa philosophie transcendantale - Mais dans les deux cas, dit Cassirer, il est question d'une "*fonction unificatrice*" dont la légitimité ne peut être revendiquée que par l'esprit humain, la raison en tant que pouvoir de connaissance.

[21] Gerhard Kruger, *O.C.*, p. 162.

[22] Gerhard Kruger, *ibid*, p. 162.

[23] Jacques Ulmann remarque que tout projet éducatif contient et sécrète des aspirations morales et axiologiques : « Point d'éducation qui ne soit d'essence axiologique et ainsi conduite à participer à la diversité des facteurs (philosophiques, politiques, économiques…) qui accompagnent, et peut-être engendrent, toute valeur quelle qu'elle soit". *La Pensée éducative contemporaine*, Paris, Vrin, 1982, 2e éd., p. 11.

[24] *Réflexions sur l'éducation*, p. 119.

dépouiller de l'animalité par la discipline[25] et le guider par la connaissance du devoir et des lois de telle sorte qu'il soit capable de caractère et de bon sens : c'est-à-dire qu'il sente la nécessité d'agir par devoir, d'accomplir des tâches en se désintéressant de tout moyen et de toute inclination. Assurément, ce que l'on doit noter, c'est le sens de cette mise en ordre qui trouve sa parfaite illustration dans le retour vers soi comme le sujet qui revient à ses œuvres ; un thème tout à fait significatif de l'idéalisme critique de Kant, idéalisme pratique et moral.

Toutefois l'idée fondamentale de l'éducation kantienne se résume en cette formule : « L'homme ne peut devenir homme que par l'éducation. II n'est que ce que l'éducation fait de lui »[26]. II est donc nécessaire d'éduquer la raison sinon la lumière qui oriente la pensée, lumière cathartique et régulatrice pour nos facultés de connaissance. Kant se tourne vers la méthode socratique, destinée à remuer l'intelligence de l'enfant, éveiller son imagination, cultiver sa raison. II lui faut une volonté, une conscience libre, conscience humaine. L'enfant se trouvera ainsi face à son moi (*Je* pur dirait Husserl), à son existence, à sa liberté. Naturellement 1intentionalité n'est possible que par une sorte d'"éblouissement", d'"accouchement" de l'esprit. Notons que cette attitude réflexive est plus ou moins comparable au mouvement du concept et de la conscience de soi chez Hegel, bien que sa démarche s'élucide plutôt dans des renversements dialectiques. Cependant ce qui nous intéresse c'est l'évidence et l'objectivité du

---

[25] Kant note que « la discipline transforme l'animalité en humanité... La discipline empêche que l'homme soit détourné de sa destination, celle de l'humanité, par ses penchants animaux. Elle doit par exemple lui imposer des bornes, de telle sorte qu'il ne se précipite pas dans les dangers sauvagement et sans réflexion… La discipline soumet l'homme aux lois de l'humanité et commence à lui faire sentir la contrainte des lois ». *Réflexions sur l'éducation*, p. 70-71.

[26] *Ibid.*, p. 73.

retournement qui révèle la difficile ascension (développement de l'individu) de l'être à la maturité (son éducation même).

Le problème que pose Hegel un peu à la manière de Kant et de Rousseau est celui de l'éducation de l'individu singulier qui doit prendre conscience de sa *substance*. Hegel dit :

> « Le savoir comme il est d'abord, ou l'*esprit immédiat*, est ce qui est dépourvu de l'activité spirituelle, la *conscience sensible*. Pour parvenir au savoir proprement dit ou pour engendrer l'élément de la science, qui est pour la science son pur concept, ce savoir doit parcourir péniblement un long chemin »[27].

En effet, la conscience naïve et non philosophique croit posséder la vérité alors qu'elle en est démunie. La vérité qu'elle possède est pauvre et contingente, soumise au pouvoir variationnel des sens. Elle va donc s'élever progressivement à la conscience de soi et à la raison en découvrant son identité rationnelle et ce qu'elle est réellement[28]. La conscience dans son état originel est certitude d'elle-même et de son monde, par contre la conscience de soi est vérité de la certitude de soi-même. La raison à laquelle s'élève cette conscience est à la fois certitude et vérité de la conscience, en d'autres termes elle est l'unité de la conscience et de la conscience de soi. Parvenue à ce stade, la raison ne s'est pas encore retrouvée pleinement et n'a pas non plus atteint sa destination ; c'est

---

[27] Hegel, *La phénoménologie de l'esprit*, trad. J. Hyppolite, Paris, Aubier Montaigne, t. 1, p. 25.

[28] Dans son introduction aux *Textes pédagogiques* de Hegel Bernard Bourgeois observe que « Hegel veut éduquer la conscience au savoir absolu en l'incitant à se confier, pour y accéder, à la même nécessité suivant laquelle il lui fait reprendre pleinement possession de sa substance par l'anamnèse de son devenir historique », Paris, Vrin, 1978, p. 10.

comme si son "accouchement" n'a pas été effectif. Elle va d'abord s'intéresser aux choses, à l'activité purement contemplative qu'elle dépassera parce que soucieuse d'évolution concrète. Ainsi de cette phase d'observation théorique et spéculative, le mouvement de la conscience de soi qui fait œuvre commune avec la conscience sensible va révéler une nouvelle expérience, celle de l'affirmation de la raison individuelle dans ses tâches pratiques.

Ce processus montre bien l'itinéraire que suit l'histoire, la raison humaine. Toute éducation suppose l'apprentissage, le labeur patient, la culture. Hegel dit d'autre part :

> « La tâche de conduire l'individu de son état inculte jusqu'au savoir devait être entendue dans son sens général, et consistait à considérer l'individu universel, l'esprit conscient de soi dans son processus de culture »[29].

En d'autres termes le chemin que va parcourir l'homme correspond à la marche de l'univers, au mouvement même de la pensée dans ses contradictions, dans ses progrès et dans ses totalisations. Autant dire que l'éducation, qu'elle soit individuelle ou collective quand elle est totale explique par son unité et par son universalité tout ce que l'expérience a de caché et de manifeste : le sens du sujet moral, la "substance éthique" et les valeurs indestructibles du moi nouménal dont la perfection et la souveraineté ne peuvent être démontrées dans l'expérience. En tout état de cause, l'éducation est d'abord un développement des dispositions naturelles en l'homme, et réalisation de toutes les fins de l'humanité.

---

[29] *La Phénoménologie de l'esprit*, p. 25. Cependant chez Kant la culture vraie est la culture morale contrairement à la culture physique qui fait appel au déterminisme et qui est celle dont les facultés en l'homme sont nature.

1.2. L'éducation comme vocation historique de l'humanité

L'éducation suppose que les dispositions naturelles d'une créature soient déterminées de telle sorte qu'elles parviennent au développement complet et conforme à leur but[30]. Cependant Kant dit que chez l'« être raisonnable fini » toutes les dispositions naturelles ont une orientation définie par la raison. Finalement le sujet humain quoique doué d'une volonté libre a du mal à atteindre la plénitude de son développement. Ainsi l'éducation qui doit conduire à la moralité échoue chez l'individu, « chez l'individu l'accomplissement de la destination (de l'homme) est même entièrement impossible »[31], « seule l'espèce peut atteindre ce résultat »[32]. Il faut donc que l'espèce assure cet accomplissement, « c'est l'espèce seule et non les individus qui peut y parvenir »[33], « c'est l'espèce qui progresse, non les individus »[34] ; seule elle est immortelle affirme Kant.

---

[30] *Réflexions sur l'éducation*, p. 76.
[31] *Réflexions sur l'éducation*, p. 76.
[32] *Anthropologie*, p.163.
[33] *Réflexions sur l'éducation*, p. 76.
[34] *Opus postumum*, p. 196. Un passage des *Manuscrits de 1844*, reconnaît en l'espèce humaine le primat sur l'être biologique. « La mort semble être une cruelle victoire de l'espèce sur l'individu et paraît contredire leur unité ; mais l'individu déterminé n'est qu'un être générique déterminé ; comme tel, il est mortel » Karl Marx, *Œuvres Economie II*, Paris, La Pléiade, Gallimard, 1968, p.82 -Georges Vlachos développe longuement le rapport Individu-Espèce, fondamental dans la philosophie de l'histoire chez Kant. Il remarque par exemple que « pour être appelé à participer de plus en plus activement aux progrès de la raison, l'individu n'en demeure pas moins, par rapport à la tâche infinie qui incombe à l'espèce humaine, un être imparfait ou une force naturelle périssable. Aussi la subordination téléologique de l'individu à l'espèce recouvre un conflit dialectique, dont la solution ne consiste pas à proprement parler à élever la conscience et l'action individuelles au même niveau de perfection rationnelle que celui dont l'espèce est capable, mais à dépersonnaliser la raison, en refoulant en même temps l'individu, malgré l'affirmation de son "originalité" au rang de l'animalité pure », *La Pensée politique de Kant*, Paris, P.u.f., 1962, p. 198.

Toutefois l'accomplissement qui se réalise, le progrès allant à l'infini -perspective rationnelle et historique à travers des générations et conformément à l'intention de la nature- vise un tout, « qui s'appelle *société civile* » et « c'est, en effet, seulement en cette dernière que le plus grand développement des dispositions naturelles peut s'effectuer »[35] : De toute manière, « *le problème essentiel pour l'espèce humaine, celui que la nature contraint l'homme à résoudre, c'est la réalisation d'une Société civile administrant le droit de façon universelle* »[36].

C'est donc par des causes rationnelles et téléologiques que Kant pose le problème de l'éducation de l'homme, l'homme comme fin dernière de la création, sujet moral, supra-empirique[37] ; l'éducation comprise comme développement rationnel de l'être, comme expérience de l'humanité, comme la prise de conscience de la condition humaine ; par conséquent, le progrès de l'histoire illustré par la conscience transcendantale aux prises avec l'instinct naturel, dans un parcours qui s'achève dans la liberté, l'autonomie, la souveraineté et la communauté éthique.

Considéré comme tel, ce parcours nécessaire pour l'éducation humaine peut susciter de nombreuses interrogations sur la pensée de l'auteur de la *Critique de la raison pure*. En effet, face au caractère insoluble de l'éducation, à savoir l'échec chez l'individu et la prise en

---

[35] *Critique de la faculté de juger*, p. 242.

[36]Kant, *La Philosophie de l'histoire*, (opuscule), trad. S. Piobetta, Paris, Gonthier, 1965, p. 33.

[37] « Or il n'y a qu'une seule espèce d'êtres dans le monde, dit Kant, dont la causalité soit téléologique, c'est-à-dire dirigée vers des fins et en même temps cependant ainsi faite, que la loi, d'après laquelle il leur appartient de se poser des fins, doit être représentée par eux comme inconditionnée et indépendante des conditions naturelles, et comme nécessaire en soi. L'homme est l'être de cette espèce, mais considéré comme noumène ; c'est le seul être naturel en lequel nous puissions reconnaître, du fait de sa propre constitution, une faculté supra-sensible (la liberté) et même la loi de la causalité, ainsi que l'objet de celle-ci, qu'il peut se proposer comme fin suprême (le souverain bien dans le monde) », *Critique de la faculté de juger*, p. 244-245.

charge par l'espèce du "surgissement" du moi humain quant à ses fins dernières, ou encore comme le constate Victor Delbos, « L'espèce seule peut et doit assurer l'avènement définitif de la raison »[38], il faut retenir en définitive que la voie éducative doit être interprétée comme un développement orienté, subordonné à la morale et à l'histoire, une expérience en mouvement qui se renouvelle sans cesse et suspendue finalement à un idéal pratique. En tout état de cause, l'éducation tient compte de la science, des leçons de l'expérience et de la nature ; « L'éducation est un art, dont la pratique doit être perfectionnée par beaucoup de générations. Chaque génération instruite des connaissances des précédentes, est toujours plus à même d'établir une éducation qui développe d'une manière finale et proportionnée toutes les dispositions naturelles de l'homme et qui ainsi conduise l'espèce tout entière à sa destination »[39]. Cela semblerait contradictoire (tout de même) chez Kant d'imaginer un empirisme pédagogique destiné à former ou à conquérir la liberté humaine, quand on voit le fossé qui sépare la connaissance de l'aperception originaire.

L'éducation doit conduire à la liberté, mais la liberté échappe à la connaissance. Cette démarche apparemment aporétique dans sa visée et dans sa logique interne s'identifie et se rattache à tout point de vue à la complexe dualité humaine que ne cesse de maintenir et de préserver la philosophie critique. D'un côté l'homme considéré comme phénomène, soumis à la condition terrestre, au déterminisme universel ; de l'autre, l'homme considéré comme supra-empirique, capable en effet de se donner une loi et d'être libre. Toutefois cette dualité de l'être, loin de constituer un obstacle à la destination entière du sujet humain, s'avère apodictique en un certain sens, car elle

---

[38] V. Delbos, *La Philosophie pratique de Kant*, Paris, P.U.F., 1969, p. 223.
[39] *Réflexions sur l'éducation*, p. 77.

invite à concevoir l'éducation comme un art et non comme une connaissance, c'est-à-dire :

- premièrement de par son inconnaissabilité, la liberté qui revêt le noumène, n'est nullement démontrable, néanmoins demeure l'ambition première de l'éducation humaine (et il faut un support pour l'atteindre).
- deuxièmement l'éducation liée à l'expérience, nécessite des moyens techniques et pragmatiques pour orienter les dispositions naturelles vers la liberté ; elle s'apparente alors indubitablement à l'art, à la culture, car elle se propose des fins. Comme art, l'éducation doit interroger la nature, c'est sur la nature en effet que va travailler l'éducateur. Ce qui est visé au-delà de la nature, de la temporalité, c'est la liberté. Incontestablement Temporalité et Liberté posent le problème (plutôt) la question de l'animalité et sans doute celui du "retournement" de la conscience humaine, de 1'"accouchement" de l'esprit. II s'agit précisément d'annihiler les racines de la sauvagerie et de l'animalité. II faut donner une éducation à l'homme et l'homme n'est homme que par l'éducation ; envisager d'autres perspectives de progrès, de développement de la nature humaine en dehors du cadre de l'éducation (de l'humanité) est totalement illusoire.

La critique de la nature, de la science, a pour but de conduire l'homme à la réalisation de ses objectifs, à sa propre réalisation, à la réalisation de l'histoire. Pour avoir accès à la liberté, aux lois de l'humanité, il faut pulvériser les racines animales qui compromettent le développement des dispositions au Bien. L'éducation, vocation pratique, juridique et historique de l'humanité doit élever l'individu à l'Idée du devoir et à la moralité, « c'est-à-dire à sortir de l'état anarchique de sauvagerie pour entrer dans une *Société des Nations* »[40].

Dans tous les cas, les fondements de l'éducation humaine ne peuvent être élucidés qu'à partir de l'examen de la nature biologique de l'homme, examen des conditions de l'élévation de l'instinct à la culture, de l'animalité à l'humanité ; par conséquent une analyse qui tient compte des « paliers successifs par lesquels l'homme s'élève de la simplicité grossière de la vie primitive à la lumière de la civilisation scientifique et à la liberté politique »[41].

---

[40] *Philosophie de l'histoire*, p. 36.

[41] Alexandre Koyré, *Etudes d'histoire de la pensée philosophique,* Paris, Tel Gallimard, 1981, p. 107.

DEUXIEME PARTIE

DE L'INSTINCT A LA CULTURE OU LES FONDEMENTS DE L'EDUCATION HUMAINE

« C'est pour l'homme un devoir que de travailler à se dépouiller de la grossièreté de sa nature, que de s'élever toujours davantage de l'animalité (*quoad actum*) jusqu'à l'humanité par laquelle seule il est capable de se proposer des fins ; de combler son ignorance par l'instruction et de corriger ses erreurs - et cela ne lui est pas seulement *conseillé* par la raison techniquement pratique en vue de ses autres projets (ceux de l'art), mais lui est encore absolument *ordonné* par la raison moralement pratique, qui lui fait de cette fin un devoir afin qu'il soit digne de l'humanité qui l'habite »,

Kant, *Doctrine de la vertu.* Introduction, p. 36.

2.1. Animalité et humanité

Développer en soi l'humanité, établir partout de bons principes, discipliner les penchants, cela conduit à reconnaître le primat de la raison sur l'instinct, l'autonomie de la conscience morale, précisément l'obéissance à la loi, à une exigence supérieure. Cette reconnaissance est le résultat de l'opposition radicale de la culture et de l'animalité, le résultat qui révèle la soumission de « l'état sauvage » – de la « rudesse (*Rohigkeit*) »[42]– à la contrainte des lois.

En effet, l'animalité est sous la dépendance de la culture qui « vise l'habileté et le perfectionnement »[43], sous la dépendance de la civilisation. Mais cette dépendance n'est pas totale eu-égard à la dimension empirique à laquelle est attachée l'humanité. Kant le reconnaît d'ailleurs lorsqu'il affirme : « II faut aussi admettre que l'homme est par la suite redevenu sauvage et est retombé dans la barbarie »[44]. Fidèle à la critique, à une certaine honnêteté intellectuelle, pragmatique, Kant veut montrer que si l'on observe la suprématie d'une réalité nouménale par rapport à nos facultés intellectuelles, la scission de l'être est loin d'être satisfaite en son intimité, car par définition elle doit préserver non seulement l'essence de la constitution de nos facultés (différence de nature et non de degré entre l'entendement et la sensibilité), mais surtout leur coexistence (témoignage du caractère tragique de l'humanité.). Le problème de l'éducation quant à sa réalisation dans la société humaine s'avère ainsi complexe

[42] *Réflexions sur l'éducation*, p. 71.
[43] *Ibid.*, p. 117.
[44] *Ibid.*, p. 70.

de par son essence même ; car malgré l'intervention de l'homme sur la nature, sa parfaite maîtrise des lois (connaissance rationnelle de l'expérience), le monde comme totalité structurée demeure problématique et l'éducation un pur concept, un "noble idéal" ; « Quelle grande culture, s'exclame Kant, quelle grande expérience ne suppose donc pas ce concept ? C'est pourquoi il ne pouvait surgir que tardivement et nous ne l'avons pas encore nous-mêmes amené à la complète clarté »[45]. L'animalité est sans doute radicale, voire innée. L'éducation, dans ces conditions, est donc nécessaire ; elle consistera à faire de l'enfant un être raisonnable, soumis au préalable à la discipline qui libère des penchants et place l'individu au-dessus de l'animalité.

Qu'est-ce que l'animalité ? Que recouvre ce concept dans la pensée éducative de Kant ? L'anthropologie en ses divers domaines met en évidence l'unité biologique de l'homme et l'animal ; mais lorsque l'on considère le comportement de l'homme et l'animal face à la nature, on s'aperçoit que cette unité –du moins ce rapprochement– les éloigne radicalement, et une analyse plus minutieuse montre qu'il est *a priori* difficile de définir l'homme. En effet, la question n'est pas aussi simple. D'abord, quand il s'agit de définir l'idée de l'homme, on se perd toujours dans une espèce de dialectique sans fin, l'homme conçu tantôt à partir de l'objet de connaissance, tantôt à partir de l'objet de foi ; et quand il est question de l'animal, l'explication qu'elle soit biologique ou de nature éthologique est faite à partir de ses représentations, de ses réflexes, etc. Toutefois la nature peut nous fournir un certain nombre de réponses. En effet, ce qui guide l'animal sans équivoque, c'est l'instinct ; cela n'est pas le cas originairement chez l'homme qui en est démuni, mais en revanche se représente l'objet donné dans l'intuition, en

---

[45] *Réflexions sur l'éducation,* p. 78.

faisant appel à lui-même, à ses capacités intellectuelles. Pascal dit que « l'homme est visiblement fait pour penser ; c'est toute sa dignité et tout son métier ; et tout son devoir est de penser comme il faut. Or l'ordre de la pensée est de commencer par soi, et par son auteur et sa fin »[46]. Commencer par soi, c'est affirmer l'existence, penser le monde et accomplir des tâches universelles ; c'est également s'intéresser à soi comme le sujet qui remonte au principe qui le fonde, qui retourne à ses œuvres, le sujet qui désire, découvre son identité, vit l'expérience morale, esthétique.

Assurément l'homme est différent de l'animal. Par exemple, l'enfant doit apprendre, il doit précisément apprendre à penser, alors que « par son instinct un animal est déjà tout ce qu'il peut être ; une raison étrangère a déjà pris soin de tout pour lui. Mais l'homme doit user de sa propre raison. II n'a point d'instinct et il doit se fixer lui-même le plan de sa conduite »[47]. Contrairement à l'homme

---

[46] Pascal, *Pensées*. Paris, G. Flammarion, 1976, p. 92.

[47] *Réflexions sur l'éducation*, p. 70, Feuerbach semble également accorder le privilège de la pensée et de la parole à l'homme, mais en précisant que l'homme n'a pas pour objet « son individualité, seulement son espèce générique, son essence » : « Aussi l'animal n'a qu'une vie simple, mais l'homme une vie double : chez l'animal la vie intérieure ne fait qu'un avec la vie extérieure ; l'homme a une vie intérieure et une vie extérieure. La vie intérieure de l'homme est celle qui le rapporte à son genre, à son essence. L'homme pense, c'est-à-dire il converse, il parle *avec lui-même*. L'animal ne peut s'acquitter d'aucune fonction générique sans un autre individu extérieur à lui ; au contraire, sans aucun autre, l'homme peut s'acquitter de la fonction générique de la pensée, de la parole -car penser et parler sont de véritables *fonctions génériques*. L'homme est à lui même simultanément Je et Tu », *L'Essence du Christianisme*, trad. J. P. Osier, Paris, F. Maspero, 1982, p. 117-118. Marx abonde plus ou moins dans ce sens : « L'animal fait immédiatement un avec son activité vitale. Il ne se distingue pas d'elle. Il est cette activité. L'homme fait de son activité vitale elle-même l'objet de sa volonté et de sa conscience. II a une activité vitale consciente »,*Oeuvres Economie II* . p. 63. Bien avant eux, Hobbes avait plutôt souligné l'importance de la parole ; la parole comme privilège naturel et spécifique de l'homme, nous fait participer à l'universel, à la fondation de nous-mêmes et à la fondation de l'humain. « L'usage général de la parole est de transformer notre discours mental en

qui doit exercer ses facultés naturelles, l'animal semble bénéficier du privilège de la nature, une sorte de Providence, d'harmonie avec la nature qui lui permet une adaptation parfaite, achevée, définitive ; adaptation à l'environnement, adaptation aux choses et aux êtres ; bref une constitution propre naturelle lui permet de sentir le monde, de le percevoir. Toutefois l'animal n'est pas seulement subordonné à la nature, il est aussi habité par elle. En effet, la nature prescrit des règles à l'animal. Rousseau le montre parfaitement quand il accorde une souveraineté à la nature au détriment de l'animal. Il déclare : « La nature commande à tout animal, et la bête obéit. L'homme éprouve la même impression, mais il se reconnaît libre d'acquiescer, ou de résister »[48] ; certes l'animal possède une intelligence, mais une intelligence non conceptuelle, donc différente de celle de l'homme ; indifférent à ce qui est, il s'ignore « ce qui fait que la bête ne peut s'écarter de la règle qui lui est prescrite, même quand il serait avantageux de le faire »[49]. L'ignorance, l'indifférence aux "causes secondes" est tout à fait significatif de l'univers dans lequel s'installe la collectivité animale ; l'univers sans calcul, sans abstraction, sans parole, par conséquent sans langage, sans réflexion ;

---

discours verbal, et l'enchaînement de nos pensées en un enchaînement de mots ; et ceci en vue de deux avantages : d'abord d'enregistrer les consécutions de nos pensées ; celles-ci, capables de glisser hors de notre souvenir et de nous imposer ainsi un nouveau travail, peuvent être rappelées par les mots qui ont servi à les noter ; le premier usage des dénominations est donc de servir de *marques* ou de *notes* en vue de la réminiscence... Deuxièmement, d'exprimer à autrui la connaissance que l'on a atteinte : il s'agit là de se conseiller et de s'enseigner les uns les autres », *Léviathan*, trad. F.Tricaud, Paris, Ed. Sirey, 1971, p. 28. Raymond Polin résume l'intuition de Hobbes en disant que « l'homme, pouvoir de détachement arbitraire, naît de l'exercice de ce détachement arbitraire, c'est-à-dire de la parole ». *Politique et philosophie chez Thomas Hobbes*, Paris, Vrin, 2e Ed., 1977, p. 7.

48 Rousseau, *Discours sur l'origine et les fondements de l'inégalité parmi les hommes*, Paris, G. Flammarion, p. 171.

49 *Ibid.*, p. 171.

Rousseau le confirme en ces termes : « J'ose presque assurer que l'état de réflexion est un état contre nature, et que l'homme qui médite est un animal dépravé »[50]. La démonstration est faite que la culture est spécifique à l'homme et l'instinct spécifique à l'animal. A l'être humain donc de revendiquer la pensée, le jugement - car « penser, c'est connaître par concepts »[51], ramener à l'unité des représentations données - et à l'animal de s'approprier l'instinct.

L'animal peut avoir des pensées, des représentations[52], mais celles-ci n'étant pas unifiées par une faculté de synthèse, par conséquent ne pouvant constituer une connaissance, on ne saurait parler du tout d'expérience chez l'animal ; tout au plus une psychologie animale qui subsiste, une succession de représentations sans cohérence, sans unité d'aperception. « En effet,

---

[50] *Ibid.*, p. 168.

[51] *Critique de la raison pure*, p. 88.

[52] « Tout animal a des idées dit Rousseau puisqu'il a des sens, il combine même ses idées jusqu'à un certain point, et l'homme ne diffère à cet égard de la bête que du plus au moins ». *Discours sur l'inégalité*, p.171. Dans une note de la *Critique de la faculté de juger*, Kant dit ceci : « Ainsi en ce qui concerne les actions de nature technique (*Kunsthandlungen*) des animaux comparées à celles de l'homme, nous concevons dans les premiers le principe des actions, principe que nous ne connaissons pas, comme un analogon de la raison grâce au principe de semblables actions chez l'homme (la raison), qui nous est connu et nous estimons en même temps indiquer par là que le principe de l'art animal, sous le nom d'instinct, en fait spécifiquement différent de la raison, possède toutefois un semblable rapport à son effet (comparons ainsi les constructions du castor et celles de l'homme) - Mais de ce que l'homme use de sa raison en ses constructions, je ne peux en conclure que le castor doit aussi posséder une raison et appeler cela un raisonnement par analogie. Cependant partant de la forme de l'action (*Wirkungsart*) de l'animal (dont nous ne percevons pas immédiatement le principe) et qui comparée à celle de l'homme (dont nous avons immédiatement conscience du principe) lui est semblable, nous pouvons très justement *conclure par anologie* que les animaux aussi agissent d'après des représentations (et ne sont pas des machines, comme le veut Descartes) et qu'en dépit de ce qui constitue leur différence spécifique, ils sont du point de vue du genre (*Gattung*) (en tant qu'êtres vivants) identiques à l'homme », p. 268.

l'expérience elle-même est un mode de connaissance qui exige le concours de l'entendement dont il me faut présupposer la règle en moi-même avant que les objets me soient donnés par conséquent *a priori*, et cette règle s'exprime en des concepts *a priori* sur lesquels tous les objets de l'expérience doivent nécessairement se régler et avec lesquels ils doivent s'accorder »[53]. L'expérience suppose donc une liaison, une opération intellectuelle, un acte d'entendement, c'est-à-dire l'unité du *Je Pense*, l'unité synthétique de la conscience qui accompagne toutes mes représentations. Est-ce parce que l'homme possède un entendement qu'il est en droit de se considérer supérieur, et au-dessus de l'animal ? Il faut au préalable noter que cette faculté n'est efficace qu'éduquée très tôt, conduite dans la discipline[54] ; il faut qu'elle apprenne à lier, à discerner, à séparer, à donner à l'être les moyens de se reconnaître comme sujet et objet, condition objective de toute connaissance et surtout condition de l'existence.

C'est donc à partir de la pensée qui se définit par un acte, et qui détermine le sens, qu'on reconnaît ce qui sépare l'homme de l'animal. Il s'agit de la pensée comme le remarque Ernst Cassirer « qui ne peut se diriger vers le

---

[53] *Critique de la raison pure*, p. 88. On peut ajouter que « les perceptions des sens (représentations empiriques accompagnées de conscience) ne peuvent être appelées que phénomènes internes. L'entendement qui s'y ajoute et les lie sous une règle de pensée (qui apporte l'*Ordre* dans la multiplicité) constitue le premier, la connaissance empirique, c'est-à-dire l'*Expérience* », Kant, *Anthropologie*, p. 30.

[54] Il s'agit de la culture de l'entendement, de la faculté de juger en un mot. Il va falloir guider ces facultés, les instruire et les conduire à leur totale plénitude. « Au début on peut d'une certaine manière cultiver passivement l'entendement en lui proposant des exemples convenant à la règle, ou inversement en dégageant des règles appropriées aux cas singuliers. La faculté de juger montre quel usage on doit faire de l'entendement. Cet usage est nécessaire pour comprendre ce que l'on apprend ou ce que l'on dit et pour ne rien répéter sans l'avoir compris… On voit les principes par la raison. Mais l'on doit penser qu'il est ici question d'une raison, qui n'a encore été que guidée », *Réflexions sur l'éducation*, p. 118-119.

monde des objets extérieurs sans se retourner du même coup vers elle-même, cherchant à s'assurer d'un seul et même acte de la vérité de la nature et de sa propre vérité »[55]. La nature plus ou moins avare envers l'homme pour l'avoir dépossédé de certaines dispositions le prédestinait d'une certaine manière à la conquête de soi-même, à l'aventure métaphysique, à la liberté :

> « *La nature a voulu que l'homme tire entièrement de lui-même tout ce qui dépasse l'agencement mécanique de son existence animale, et qu'il ne participe à aucune autre félicité ou perfection que celle qu'il s'est créée lui-même, indépendamment de l'instinct par sa propre raison*. En effet, la nature ne fait rien en vain, et elle n'est pas prodigue dans l'emploi des moyens pour atteindre ses buts. En munissant l'homme de la raison et de la liberté du vouloir qui se fonde sur cette raison, elle indiquait déjà clairement son dessein en ce qui concerne la dotation de l'homme. Il ne devait pas être gouverné par l'instinct, ni secondé et informé par une connaissance innée ; il devait bien plutôt tirer tout de lui-même. Le soin d'inventer ses moyens d'existence, son habillement, sa sécurité et sa défense extérieure (pour lesquelles elle ne lui avait donné ni les cornes du taureau, ni les griffes du lion, ni les crocs du chien, mais seulement des mains), tous les divertissements qui peuvent rendre la vie agréable, son intelligence, sa sagesse même, et jusqu'à la bonté de son vouloir, devaient être entièrement son œuvre propre. La nature semble même s'être ici complu à sa plus grande économie, et avoir mesuré sa dotation animale au plus court et au plus juste en fonction des besoins les plus pressants d'une existence à ses débuts ; comme si elle voulait que l'homme, en s'efforçant un

[55] *La philosophie des Lumières*, trad. P. Quillet, Paris, Fayard, 1966, p. 117.

jour de sortir de la plus primitive grossièreté pour s'élever à la technique la plus poussée, à la perfection intérieure de ses pensées, et (dans la mesure où c'est chose possible sur terre) par là jusqu'à la félicité, en doive porter absolument seul tout le mérite, et n'en être redevable qu'à lui-même ; c'est comme si elle avait attaché plus d'importance chez l'homme à *l'estime raisonnable de soi* qu'au bien-être. Car le cours des choses humaines est hérissé d'une foule d'épreuves qui attendent l'homme. Il semble bien que la nature n'ait pas eu du tout en vue de lui accorder une vie facile, mais au contraire de l'obliger par ses efforts à s'élever assez haut pour qu'il se rende digne, par sa conduite, de la vie et du bien-être »[56].

Il est certain que l'homme par définition est une "créature morale", perpétuellement en question, animal métaphysique mais critique, qui ne se satisfait jamais du donné, de ce qui est fortuit, déterminé, contingent, fragile et variable. Livré à lui-même l'homme découvre la solitude, la "profondeur" de son être, la spontanéité qui lui

[56] *La philosophje de l'histoire*, p. 29-30. L'homme doit tirer tout de lui-même. Une réflexion analogue apparaît dans la Préface de la seconde édition de la *Critique de la raison pure.* « Ils comprirent que la raison ne voit que ce qu'elle produit elle-même d'après ses propres plans et qu'elle doit prendre les devants avec les principes qui déterminent ses jugements, suivant des lois immuables, qu'elle doit obliger la nature à répondre à ses questions et ne pas se laisser conduire pour ainsi dire en laisse par elle ; car autrement, faites au hasard et sans aucun plan tracé d'avance, nos observations ne se rattacheraient point à une loi nécecsaire, chose que la raison demande et dont elle a besoin », p. 17. « ...la raison de l'homme sait donner aux choses une certaine conformité avec ses inventions arbitraires, auxquelles lui-même n'était pas prédestiné par la nature », *Critique de la faculté de juger*, p. 188. La conséquence logique, l'expression concrète de cette dialectique du progrès, c'est la découverte du travail : la production d'objets matériels dit Karl Marx ; en effet « en produisant pratiquement un monde d'objets, en façonnant la nature non organique, l'homme s'affirme comme un être générique conscient, c'est-à-dire un être qui se rapporte à l'espèce comme à sa propre nature, ou à lui-même comme être générique », *0.C*, p. 63.

permet de porter un regard sur le monde, sur autrui, sur lui-même ; spontanéité humaine, universelle ; spontanéité de l'acte, de liberté, « c'est l'acte qui décide de ses fins et de ses mobiles et l'acte est l'expression de la liberté »[57]. Ainsi naît la volonté d'échapper à la condition animale, en faisant reculer la nature, en faisant un choix inaliénable, un choix de liberté ; en d'autres termes, au-delà de la découverte et de la connaissance, au-delà des tendances et des désirs, au-delà des vérités universelles, scientifiques, connaissables, la conscience empirique se transforme en une conscience humaine créatrice de valeurs, une conscience axiologique[58]. L'homme de la nature, assujetti aux besoins biologiques disparaît pour céder à l'homme divin, l'homme de la transcendance. C'est dans ces conditions que l'on peut être jugé libre, délivré du monde sensible, obéissant aux impératifs moraux et réellement différent de l'animal.

En tout état de cause « c'est pour l'homme un devoir que de travailler à se dépouiller de la grossièreté de sa nature, que de s'élever toujours davantage de l'animalité (*quoad actum*) jusqu'à l'humanité par laquelle seule il est capable de se proposer des fins ; de combler son ignorance par l'instruction et de corriger ses erreurs- et cela ne lui est pas seulement *conseillé* par la raison techniquement pratique en vue de ses autres projets (ceux de l'art), mais lui est encore absolument *ordonné* par la raison moralement pratique, qui lui fait de cette fin un devoir

---

[57] Sartre, *L'être et le néant*, Paris, Gallimard, 1973, p. 513.

[58] L'être agissant, l'être raisonnable en général, l'être comme valeur et liberté, qui ne subit point les penchants de la sensibilité, seul justifie la finalité, l'harmonie dans les choses de la nature - La valeur dont il est question, valeur humaine, pratique, morale, est celle qu'« il peut se donner et qui consiste dans ses actes, dans sa conduite et dans les principes suivant lesquels il agit, non comme membre de la nature, mais dans la *liberté* de sa faculté de désirer, c'est-à-dire une bonne volonté, qui est ce qui donne à son existence une valeur absolue et par rapport à laquelle l'existence du monde peut avoir un but final », *Critique de la faculté de juger*, p. 251.

afin qu'il soit digne de l'humanité qui l'habite »[59]. Ce qu'il faut mesurer ici, c'est l'insertion du moi pratique dans la nature humaine, « en d'autres termes c'est un devoir de cultiver les dispositions brutes de notre nature et c'est par là seulement que l'animal s'élève à l'humanité, par conséquent il s'agit d'un devoir absolu (*pflicht an sich selbst*) »[60].

Ainsi, toutes les dispositions naturelles peuvent-elles évoluer librement au sein de la société. Toutefois cette perspective est loin de satisfaire Rousseau qui plaide plutôt pour la non-dénaturation de l'homme. En effet, l'auteur de l'*Emile* rend la société responsable de tous les vices, de toutes les passions exclusives de l'homme. Son hypothèse de l'homme à l'état de nature par rapport à l'animalité kantienne présente divers points de discordance non négligeables, cependant intéressants pour apprécier à certains égards la pensée éducative de Kant.

2.2. Kant et Rousseau à propos de l'éducation et de l'état de nature

Dans les Extraits des *Remarques touchant les Observations sur le Sentiment du Beau et du Sublime*, on peut lire cette surprenante et émouvante déclaration de Kant :

> « La première impression qu'un lecteur qui ne lit pas seulement par vanité et pour passer le temps reçoit des écrits de Jean-Jacques Rousseau, c'est qu'il se trouve devant une rare pénétration d'esprit, un noble élan de génie et une âme toute pleine de sensibilité, à un tel degré que peut-être jamais aucun écrivain, en quelque

---

[59] Kant, *Doctrine de la vertu*, trad. A. Philonenko, Paris, Vrin, 1980, introd., V, A. 2e éd., p. 57-58.Citation déjà évoquée au début du chapitre, et reprise ici à cause de son importance décisive.

[60] *Ibid.*, p. 63.

temps ou en quelque pays que ce soit, ne peut avoir possédé ensemble de pareils dons. L'impression qui suit immédiatement celle-là, c'est celle de l'étonnement causé par les opinions singulières et paradoxales de l'auteur. Elles sont tellement à l'encontre de ce qui est généralement admis, qu'on en vient aisément à le soupçonner d'avoir cherché seulement à mettre en évidence ses extraordinaires talents et la magie de son éloquence, d'avoir voulu faire l'homme original qui par une surprenante et engageante nouveauté d'idées dépasse tous les rivaux en bel esprit »[61].

On ne saurait donc ignorer la profonde influence de Rousseau sur Kant malgré les objections et les réserves de ce dernier sur certains aspects de la pédagogie proposée dans l'*Emile*. Toutefois l'adhésion de Kant à Rousseau est indéniable et d'ailleurs révélatrice de l'intérêt que l'auteur de la *Critique* va accorder à la question anthropologique, précisément à la pensée qu'il y a une nature humaine originelle, seulement avilie et corrompue dans la société actuelle[62]. Il faut restaurer l'humanité en l'homme,

---

[61] Extrait traduit par V. Delbos (*La philosophie pratique de Kant*) venant après les *Observations sur le Sentiment du Beau et du Sublime*, traduction Roger Kempf, Paris, Vrin, seconde édition, 1969, p. 65.

[62] Cassirer semble trouver les termes qu'il faut pour résumer l'intuition fondamentale de Rousseau, les principes qui commandent sa théodicée abondamment méditée par Kant : « L'heure de la délivrance sonnera quand s'effondreront les anciennes formes de contrainte propres à la société, laissant place à l'institution libre d'une communauté politico-éthique, régime où chacun, non plus soumis au caprice d'autres hommes, n'obéira qu'à la volonté générale qu'il reconnaîtra et acceptera comme étant la sienne propre. Mais c'est vainement qu'on attendrait cette délivrance d'une aide extérieure. Aucun Dieu ne peut nous l'offrir ; c'est l'homme et lui seul qui doit être son propre rédempteur et, au sens *éthique*, son propre créateur. La société, dans sa forme traditionnelle, a infligé aux hommes les blessures les plus graves, mais c'est elle seule aussi qui peut et qui doit les guérir. C'est elle qui continue de supporter le poids de la responsabilité. Voilà quelle solution Rousseau apporte au problème de la théodicée, et, ce faisant, il a en réalité reposé cette question sur un terrain tout à fait nouveau. Il l'a soustraite à la compétence de la

l'humanité vraie, l'humanité primitive. Au-delà de la réforme de la société, de l'interrogation sur le vice et la convention, le problème posé est celui de la bonté primitive de la nature humaine[63], en d'autres termes, de la responsabilité, de la dignité humaine, des vérités suprasensibles et de la moralité :

> « Il est nécessaire d'examiner comment l'art et l'élégance de l'état civilisé se produisent et comment ils ne se trouvent jamais dans certaines contrées (dans celles, par exemple, où il n'y a pas d'animaux domestiques), afin d'apprendre à distinguer ce qui est factice, étranger à la nature, de ce qui lui appartient en propre. Si l'on parle du bonheur de l'homme sauvage, ce n'est pas pour retourner dans les forêts, c'est seulement pour voir ce que l'on a perdu d'un côté, tandis qu'on gagne de l'autre ; et cela, afin que dans la jouissance et l'usage du luxe social on n'aille pas s'attarder de tout son être aux goûts qui en dérivent, et qui sont contraires à la nature comme à notre bonheur, afin qu'on reste avec la civilisation un homme de la nature. Voilà la considération qui sert de règle au jugement, car jamais la nature ne crée l'homme pour la vie civile ; ses inclinations et ses efforts n'ont pour fin que la vie dans son état simple »[64].

---

métaphysique pour la placer au cœur de l'éthique et de la politique. Mais il lui a donné ainsi un tel élan que l'influence qu'elle exerce n'est, aujourd'hui encore, en rien diminuée. Cette impulsion et cette motion initiales sont toujours sensibles dans toutes les luttes sociales contemporaines. Elles ont leur source dans cette conscience d'une *responsabilité* de la société dont Rousseau le premier fut pénétré et qu'il enracina dans l'esprit de la postérité », « Le problème Jean Jacques Rousseau » (II), in *Revue de Métaphysique et de Morale*, Paris, Armand Colin, Juillet-Septembre 1986, p. 413.

[63] Cassirer dit ce qui suit : « Dire que les premières impressions de la nature humaine sont toujours bonnes et innocentes heurtait le plus violemment tout ce qu'enseignent l'Ecriture et l'Eglise sur la nature de l'homme », *Revue de Métaphysique et de Morale*, p. 412.

[64] *Remarques sur les Observations*, p. 67.

Kant va poursuivre et approfondir cet enseignement dans ses *Réflexions sur l'éducation* en reconnaissant dans l'éducation de la nature, pour la première fois –suivant sur ce point Montaigne, Rousseau et Locke– les fondements mêmes de l'éducation humaine. L'état de nature offre aux yeux de Kant le cadre idéal, nécessaire pour une méditation sur la nature humaine, une critique sur le savoir rationnel, sur les conquêtes définitives d'une métaphysique dogmatique : « Je suis par goût un chercheur *dit-il*. Je sens la soif de connaître tout entière, le désir inquiet d'étendre mon savoir, ou encore la satisfaction de tout progrès accompli. Il fut un temps où je croyais que tout cela pouvait constituer l'honneur de l'humanité, et je méprisais le peuple, qui est ignorant de tout. C'est Rousseau qui m'a désabusé. Cette illusoire supériorité s'évanouit ; j'apprends à honorer les hommes ; et je me trouverais bien plus inutile que le commun des travailleurs, si je ne croyais que ce sujet d'étude peut donner à tous les autres une valeur qui consiste en ceci : faire ressortir les droits de l'humanité »[65]. Connaître donc la vraie nature de l'homme, la bonté originelle, suppose non pas un retour à l'état de nature, mais une conversion, un choix qui conduirait à la simplicité naturelle, à la conscience du sentiment moral.

---

[65] *Remarques sur les Observations*, p. 66. Cette passion de connaître a conduit Kant, comme on le sait, à la critique des facultés humaines, notamment à la critique de la raison spéculative, prétentieuse, spéculant « sur la nature des êtres spirituels et leur liaison avec nous ». Kant dit par exemple : « Eh bien ! J'avoue que tous les contes sur l'apparition d'âmes défuntes ou les influx spirituels et que toutes les théories, à caractère conjectural... ne pèsent sensiblement que sur le plateau de l'espoir, et par contre, sur celui de la spéculation, paraissent d'une consistance uniquement aérienne ». *Rêves d'un visionnaire*, trad. P.Courtès, Paris, Vrin, seconde édition 1977, p. 88. En s'intéressant à l'homme, à ses qualités naturelles, Kant abandonne l'assurance du rationalisme de Wolff, « et il se rencontre d'après Victor Delbos avec les philosophes anglais pour le porter à voir dans le sentiment l'origine de la moralité ». *La philosophie pratique de Kant*, p. 105.

En définitive que représente l'Etat de nature chez Rousseau et chez Kant ?

Selon Rousseau, l'état de nature est un état parfait ; on n'y trouve ni passions, ni vice, ni mépris, ni discorde. C'est un monde où l'on trouve véritablement le bonheur, la paix, la liberté et la solitude. C'est l'état quasiment d'innocence qui prévaut dans l'état de nature[66]. Evoquant et méditant sur la situation de l'homme de la nature, Rousseau déclare : « II avait dans le seul instinct tout ce qu'il fallait pour vivre dans l'état de nature, il n'a dans une raison cultivée que ce qu'il lui faut pour vivre en société »[67]. Avant la société, l'homme ignore le poids des contraintes juridiques, sociales, politiques. « Combien l'homme vivant dans la simplicité primitive est sujet à peu de maux »[68] dit-il. La raison en effet, exercice spirituel, "lumière naturelle" dit Descartes, véritable pouvoir de connaissance, de domination de la nature « est la source de tous les malheurs de l'homme »[69]. Toutefois ce que Rousseau dénonce c'est ce à quoi tend l'entendement humain, une certaine démesure du progrès de nos connaissances, précisément une ruse de la raison qui modifie, bouscule, transforme l'individu au point de le rendre méconnaissable, superficiel, dépouillé et éloigné de sa condition humaine, assujetti au luxe, aux passions

---

[66] Fichte abonde dans ce sens, « Ce n'est pas la nature qui nous corrompt, mais la société, car la nature nous veut innocents et nous fait naître tels. Celui qui s'abandonne à l'influence de la société se corrompt à son tour de plus en plus, à mesure que cette influence se prolonge ». *Discours à la Nation allemande*, traduction S. Jankelevith, Paris, Aubier Montaigne, 1981, p. 268. Une analyse semblable est amorcée par Paul Valéry, dans la perspective d'une critique sur la dictature, « Tout système social », selon lui « est plus ou moins contre nature, et la nature, à chaque instant, travaille à reprendre ses droits », *Regards sur le monde actuel*, Paris, Gallimard, 1982, p. 80.

[67] *Discours sur 1'inégalité*, p. 194.

[68] *Rousseau, Emle ou de l'éducation*, Paris, Garnier-Flammarion, 1966, Liv. IV, p. 366.

[69] *Discours sur l'inégalité*, p. 172.

sociales[70], aux ambitions destructrices. « C'est la raison qui engendre l'amour-propre, et c'est la réflexion qui le fortifie ; c'est elle qui replie l'homme sur lui-même ; c'est elle qui le sépare de tout ce qui le gêne et l'afflige ; c'est la philosophie qui l'isole »[71].

L'homme sauvage mène une existence solitaire, « quand il a dîné, il est en paix avec toute la nature »[72], il n'a aucun contact avec ses semblables, aucun commerce possible avec autrui parce qu'il n'a pas en ce qui le concerne conscience de son identité de nature :

> « Concluons qu'errant dans les forêts sans industrie, sans parole, sans domicile, sans guerre, et sans liaisons, sans nul besoin de ses semblables, comme sans nul désir de leur nuire, peut être sans jamais en reconnaître aucun individuellement, l'homme sauvage sujet à peu de passions et se suffisant à lui-même, n'avait que les sentiments et les lumières propres à cet état, qu'il ne sentait que ses vrais besoins, ne regardait que ce qu'il croyait avoir intérêt de voir, et que son intelligence ne faisait pas plus de progrès que de vanité. Si par hasard il faisait quelque découverte, il pouvait d'autant moins la communiquer qu'il ne reconnaissait pas même ses enfants. L'art périssait avec l'inventeur ; il n'y avait ni éducation ni progrès, les générations se multipliaient inutilement ; et chacune partant toujours du même

---

[70] Rousseau est convaincu que les passions humaines pour la plupart sont nées de la société, et leur développement, leur progrès ne sont que le résultat de l'histoire, des sciences, des arts, des échanges, des relations établies entre les hommes. « Les affections sociales ne se développent en nous qu'avec nos lumières » ; « qu'on songe combien ce transport suppose de connaissances acquises ». « La réflexion naît des idées comparées et c'est la pluralité des idées qui porte à la comparer ». *Essai sur l'origine des langues*, Paris, Aubier-Montaigne, 1974, chapitre IX, p. 121. D'autres exemples sont développés dans le *Second Discours*, p. 182-183.

[71] *Discours sur l'inégalité*, p. 198.

[72] *Ibid.*, note I, p. 173.

point, les siècles s'écoulaient dans toute la grossièreté des premiers âges, l'espèce était déjà vieille, et l'homme restait toujours enfant »[73].

Sans relations morales avec autrui, se « suffisant à lui-même », l'homme sauvage ignore les passions, l'angoisse du lendemain, la mort, les tourments de l'existence. Donc autrui lui échappe, et lui est indifférent, aucune détermination sentimentale quelconque dans ses rapports, aucun besoin réel de l'autre, aucune communicabilité[74] ; si ce n'est l'amour de soi-même, contrairement à l'amour-propre, sentiment social, fruit du désordre des passions et de la démesure sociale. On ne peut donc identifier l'amour de soi-même, qui ressemble plus à un instinct de la nature, à l'amour propre qui est plutôt une inclination sociale, variable et particulièrement désastreuse pour la condition humaine[75]. Ainsi Rousseau est-il conduit à rejeter le principe de la sociabilité naturelle quand celle-ci est facteur de troubles, de mesquinerie, de convoitise et d'asservissement[76].

---

[73] *Discours sur l'inégalité*, p. 201-202.

[74] « Toutes les connaissances qui demandent de la réflexion, toutes celles qui ne s'acquièrent que par l'enchaînement des idées et ne se perfectionnent que successivement, semblent être tout à fait hors de la portée de l'homme sauvage, faute de communication avec ses semblables, c'est-à-dire faute de l'instrument qui sert à cette communication et des besoins qui la rendent nécessaire. Son savoir et son industrie se bornent à sauter, courir, se battre, lancer une pierre, escalader un arbre » *Ibid.*, note, p. 164.

[75] « Il ne faut pas confondre l'amour-propre et l'amour de soi-même dit Rousseau ; deux passions différentes de par leur nature et par leurs effets. L'amour de soi-même est un sentiment naturel qui porte tout animal à veiller à sa propre conservation et qui, dirigé dans l'homme par la raison et modifié par la pitié, produit l'humanité et la vertu. L'amour propre n'est qu'un sentiment relatif, factice et né dans la société, qui porte chaque individu à faire plus de cas de soi que de tout autre, qui inspire aux hommes tous les maux qu'ils se font mutuellement et qui est la véritable source de l'honneur », *Discours sur l'inégalité*, note I, p. 196.

[76] Toutefois avec l'analyse de la notion de *perfectibilité*, Rousseau tentera de sauver, comme nous le verrons, le principe de la sociabilité naturelle. « Ainsi,

En effet, cette inspiration semble venir de Locke, même si ce dernier envisage l'état de nature comme forme antérieure de l'état dans lequel se trouvent les hommes avant l'institution du gouvernement civil. Toutefois Locke reconnaît que l'état de nature est aussi un état d'égalité « en sorte que tout pouvoir et toute juridiction est réciproque, un homme n'en ayant pas plus qu'un autre. Car il est très évident que des créatures d'une même espèce et d'un même ordre, qui sont nées sans distinction, qui ont part aux mêmes avantages de la *nature*, qui ont les mêmes facultés, doivent pareillement être égales entre elles, sans nulle subordination ou sujétion »[77]. Un point de vue qui

---

remarque Robert Derathé, la seule forme de sociabilité que Rousseau admette, ou plutôt la seule qui lui paraisse naturelle, est celle qui a son fondement dans l'identité de notre nature sensible. Quant à celle qui résulte de ces besoins artificiels que les hommes ne peuvent satisfaire sans se prêter une mutuelle assistance, il y voit davantage une source de désordres qu'une cause d'union ». *Jean-Jacques Rousseau et la science politique de son temps*, Paris, Vrin, 1974, seconde édition, p. 150. Il faut noter que Jean-Jacques Rousseau habile dans l'art de manier le paradoxe et les subtilités dialectiques, donne à l'état de nature une dimension ontologique et humaine assez complexe.

[77] Locke, *Traité du gouvernement civil*, traduction de David Mazel, Paris, Flammarion, 1984, Chap.II, p.173. Il faut tout de même remarquer que quoique Rousseau admette l'état de nature de Locke, c'est-à-dire l'état de nature en tant qu'état de paix, il n'approuve pas pour autant toutes ses prétentions *analytiques*, comme celles de Hobbes également. Il leur reproche le manque de *méthode* dans l'exécution de la problématique, et surtout le fait d'avoir ignoré la notion de *perfectibilité*. Ils devaient procéder par une méthode *génétique* au lieu de céder aux préoccupations *analytiques*, pense Rousseau. Ils ont complètement occulté les nombreuses transfigurations de l'homme vivant en société. « Le raisonnement de Locke tombe donc en ruine et toute la dialectique de ce philosophe ne l'a pas garanti de la faute que Hobbes et d'autres ont commise. Ils avaient à expliquer un fait de l'état de nature, c'est-à-dire d'un état où les hommes vivaient isolés et où tel homme n'avait aucun motif de demeurer à côté de tel homme, ni peut-être les hommes de demeurer à côté les uns des autres, ce qui est bien pis, et ils n'ont pas songé à se transporter au-delà des siècles de société, c'est-à-dire de ces temps où les hommes ont toujours une raison de demeurer près les uns des autres et où tel homme a souvent une raison de demeurer à côté de tel homme ou de telle femme », *Discours sur l'inégalité*, note, p. 189. Rousseau remarque d'autre part que « les philosophes qui ont examiné les fondements de la société ont tous senti la nécessité de remonter jusqu'à l'état de nature, mais aucun d'eux

est loin de satisfaire Hobbes persuadé de l'état de guerre permanent, naturel à l'espèce, de l'état d'hostilité éternelle entre les hommes : « Ils sont dans cette condition qui se nomme guerre, et cette guerre est guerre de chacun contre chacun »[78]. Selon lui, l'indépendance naturelle des hommes ne peut que dégénérer en une guerre générale de tous contre tous ; Kant a partagé pendant un moment cette perception hobbesienne : « Ainsi que Hobbes l'affirme, l'état de nature est un état d'injustice et de violence, et l'on doit nécessairement le quitter pour se soumettre à une contrainte légale, qui ne limite notre liberté que pour la

---

n'y est arrivé... ont transporté à l'état de nature des idées qu'ils avaient prises dans la société. Ils parlaient de l'homme sauvage, et ils peignaient l'homme civil », *Ibid.*, p. 158.

[78] *Léviathan*, I partie, chap. XIII, p.124. La position de Rousseau vis-à-vis de Hobbes est pleine de nuances, surtout en ce qui porte sur la nature humaine, précisément sur l'humanité primitive de l'homme, sa bonté naturelle. En effet, en présentant l'état de nature comme un état de guerre, de violence éternelle, un état « où il n'existe pas de pouvoir » capable de discipliner les hommes, « de les tenir en respect », Hobbes aboutit à des conclusions fort regrettables qui compromettent, à en croire Rousseau, les droits de l'homme, la bonté originelle. La conséquence ou la solution finale à porter à l'état de nature c'est l'affirmation du despotisme, l'autorité devant être assurée principalement par une volonté individuelle, par un seul homme, et non par une « communauté d'âme ». « Quand j'accorderais tout ce que j'ai réfuté jusqu'ici dit Rousseau, les fauteurs du despotisme n'en seraient pas plus avancés. II y aura toujours une grande différence entre soumettre une multitude et régir une société. Que des hommes épars soient successivement asservis à un seul, en quelque nombre qu'ils puissent être, je ne vois là qu'un maître et des esclaves, je n'y vois point un peuple et son chef ; c'est si l'on veut une agrégation, mais non pas une association ; il n'y a là ni bien public ni corps politique », *Du Contrat social*, Paris, Flammarion, 1981, LIV. I, chap. V, p. 49. Rousseau ne souscrit en aucun cas à la théorie du despotisme de Hobbes et à sa conception de l'état de nature. Seulement ce que Hobbes conçoit pour l'état de nature, à savoir le désir de domination, les inimitiés, la discorde, l'avidité des hommes, les besoins, va être pour Rousseau l'objet d'une profonde méditation, et il s'emploiera à l'appliquer à l'état civil ; « C'est une disposition naturelle à l'homme de regarder comme sien tout ce qui est en son pouvoir dira en substance Rousseau. En ce sens le principe de Hobbes est vrai jusqu'à un certain point : multipliez avec nos désirs les moyens de les satisfaire, chacun se fera le maître de tout ». *Emile*, Liv. II, p. 103.

rendre compatible avec la liberté d'autrui et, par là même, avec le bien public »[79].

Assurément l'état de nature –sans oublier ce qu'il représente comme enjeu dans la conception de la nature humaine et de l'éducation en général– doit être appréhendé à partir de sa double exigence qui porte sur une dualité naturelle apparemment contradictoire : il y a d'abord l'homme de la nature tel quel, l'homme naturel non imbu de déterminations artificielles, adventices ; et ensuite l'homme social, mais qui doit être libre, c'est-à-dire rendu dans ses droits naturels, réconcilié avec lui-même et avec autrui dans une société civile conforme à l'idéal du droit naturel.

Cette double exigence se retrouve également chez Diderot, illustrée par un certain déterminisme de la nature, une finalité de la nature qui révèle et dissimule à la fois des enjeux contradictoires, pourtant pratiques pour l'éducation.

En effet, l'image idyllique de la vie des primitifs qu'il expose dans le *Supplément au voyage de Bougainville*, témoigne bien de l'importance de la question de l'homme à l'état de nature en cette période du 18e siècle où les théories éducatives sont loin de faire l'unanimité. Comme chez Rousseau, Diderot tente de remonter au début de l'histoire, en d'autres termes, avant le "devenir de l'homme", devenir social (seule perspective pour saisir l'homme dans sa pureté naturelle). Il va vérifier ses déductions dans les récits de voyageurs et précisément dans le mode de vie des Tahitiens observé par Louis-Antoine de Bougainville.

Les Tahitiens n'ont pas de passions sociales, telles que l'ambition, l'envie, la convoitise, etc… La terre appartient à tous, ils ignorent le droit de propriété et aucune contrainte ne s'exerce dans leur communauté ; il n'y a pas

---

[79] *Critique de la raison pure*, p. 514-515.

de soumission à une autorité supérieure, ou à une morale quelconque. Ils suivent donc le "pur instinct de la nature". Chez eux, il semble que leurs représentations obéissent et se conforment aux prescriptions de la nature souveraine (guide parfait, irremplaçable), qu'on ne saurait détourner, au risque de pervertir les dispositions primitives, les germes féconds de l'être humain[80].

En définitive, quelle que soit l'analyse ou la critique que l'on fait à propos de l'homme à l'état de nature, ce que l'on doit prendre en considération essentiellement, c'est l'homme naturel, précisément la nature humaine dans sa vérité, en ce sens que toutes ses dispositions originaires ne doivent pas être compromises ; ou lorsqu'elles sont guidées c'est pour les conduire à la liberté.

2.3. Education et état de nature : analyse critique

Au-delà de la justification historique, empirique, voire religieuse de l'image de l'homme de la nature, la position de Kant est sans doute le refus catégorique de s'enfermer dans les théories « jubilatoires » du mythe du "bon sauvage" ; en effet entrer dans ce débat sans au préalable envisager la critique des tendances animales contraires au développement des facultés intellectuelles, pragmatiques de l'homme, contraires à la culture, à l'éducation, c'est en définitive renoncer aux lois de l'humanité, aux lois de la raison ; c'est tourner le dos à une certaine légalité à

---

[80] Dans le chapitre intitulé *Les Adieux du vieillard*, nous trouvons cette indication tout à fait éclairante et caractéristique de la vie des Tahitiens. « Nous sommes innocents, nous sommes heureux ; et tu ne peux que nuire à notre bonheur. Nous suivons le pur instinct de la nature ; et tu as tenté d'effacer de nos âmes son caractère. Ici tout est à tous », Diderot, *Œuvres philosophiques*, Paris, Garnier, 1961, éd. de Paul Vernière, p. 466. Cette observation de Jean Jacques Rousseau semble aller dans le même sens : « Si je voulais étudier un peuple, c'est dans les provinces reculées, où les habitants ont encore leurs inclinations naturelles, que j'irais les observer », *Julie ou la Nouvelle Héloise*. Paris, G. Flammarion, 1981, Lettre XVI, p. 171.

laquelle tout individu désireux de vivre en société doit tendre : Il s'agit de la contrainte qui garantit la coexistence pacifique de tous les membres de la société. « Le sauvage qui n'est pas encore habitué à la soumission ne connaît pas de plus grand malheur que celui d'y tomber ; et il a raison, aussi longtemps qu'une loi publique ne lui donne pas de sécurité : et ceci jusqu'à ce que la discipline lui ait appris progressivement la patience. Il vit donc dans un état de guerre perpétuelle afin de maintenir les autres aussi éloignés que possible et de vivre isolé dans des étendues inhabitées »[81]. Kant semble donc s'éloigner des thèses favorables à l'état de nature, préférant la discipline, la rigueur, l'exercice de la contrainte dans l'éducation de l'enfant.

En invitant le sujet humain à se débarrasser de ses inclinations passionnelles[82], il est certain que Kant vise non seulement Rousseau –et à travers lui le naturalisme qui ressemblerait plutôt au conformisme socio-politique– mais surtout tous ceux qui tentent à tort ou à raison de faire le panégyrique de la nature idyllique des peuples primitifs. Kant va donc entreprendre sa critique en sollicitant les leçons de l'"ethnologie" et de la "sociologie"[83]. En essayant de faire éclater le mythe

---

[81] *Anthropologie*, p. 121.

[82] Nous songeons plutôt à la rudesse de l'homme sauvage, à ses penchants naturels, car « les passions ne s'adressent à proprement parler qu'aux hommes, et ne peuvent être satisfaites que par eux » et que les animaux « ne possèdent pas la raison qui seule fonde le concept de liberté et qui s'oppose à la passion ; c'est donc chez l'homme seul qu'elle surgit » *Anthropologie*, p. 122.

[83] Il faut remarquer que cette voie comporte un piège car l'état de recherche ethnologique (voire sociologique) au 18e siècle sur les sociétés humaines se trouve au stade de l'investigation et du tâtonnement. Souvent les analyses qui sont plutôt des interrogations et des conjectures, sont établies à partir des récits de voyageurs et des aventuriers. Dans ces conditions, l'idée de l'état de nature comme nous l'imaginons devient difficile à cerner ; d'ailleurs certains penseurs ont abouti sur cette question, à des conclusions incomplètes, dénuées de fondement et de critique véritable. A en juger par cette remarque de Georges Vlachos : « L'idée de l'état de nature accomplit généralement dans la

littérature politique et juridique de cette période une double et importante fonction. En premier lieu, elle sert à combler le vide qui subsiste dans les sciences sociales de l'époque, en raison de l'inexistence quasi totale de toute sociologie véritable concernant les états primitifs. Sous cet angle, l'état de nature possède une signification et une portée empiriques ; il désigne l'humanité primitive, antérieurement aux faits de l'histoire.
Mais au-delà de cette signification, dont la clarté et la rigueur scientifiques laissent à désirer, l'"état de nature" exprime surtout l'hypothèse rationnelle d'un état social ou pré-social pur, fonctionnant sans l'intervention de l'autorité de contrainte que l'on appelle l'Etat ou le gouvernement. Considérée dans cette perspective, l'idée de l'état de nature ne se rapporte pas spécialement aux états primitifs, mais embrasse également les états civilisés, dont elle essaie de pénétrer la légalité profonde en faisant abstraction de tout pouvoir social de contrainte ; son but véritable est de définir les lois naturelles du comportement humain, dans le dessein de mieux éclairer les principes qui doivent régir l'aménagement et l'action du pouvoir politique. "*La Pensée politique de Kant*, p. 299. Kant également n'a pas dérogé à la règle dans son analyse de l'homme à l'état de nature, telle que nous le rapporte le texte des *Réflexions sur l'éducation* et particulièrement les *Observations sur le Sentiment du Beau et du Sublime*. Kant parle des « nations non civilisées » qui réagissent mal aux habitudes européennes, qui assimilent difficilement leur mode de comportement et leur manière de vivre. S'inspirant d'ailleurs d'une note de l'*Essay « Of National Characters »* de David Hume paru en 1748 –référence citée à la page 82 par Roger Kempf dans les *Observations sur le Sentiment du Beau et du Sublime*, Kant déclare à propos des *nègres* : « Les nègres d'Afrique n'ont reçu de la nature que le goût des sornettes. Monsieur Hume défie qui que ce soit de lui citer l'exemple d'un nègre qui ait montré des talents, et il affirme que, parmi les centaines de mille de noirs transportés loin de leur pays, et dont un grand nombre cependant ont été mis en liberté, il ne s'en est jamais trouvé un seul pour produire quelque chose de grand dans les arts, dans les sciences ou dans quelque autre noble discipline, tandis qu'il n'est pas rare de voir des blancs issus de la plèbe susciter l'admiration du monde par l'excellence de leurs dons. Ces deux races d'honmes paraissent aussi différentes de sensibilité que de couleur. Le culte des fétiches, fait en honneur parmi eux, est peut-être une sorte d'idolâtrie si misérable qu'elle paraît contredire à la nature humaine. Une plume d'oiseau, une corne de vache, une huître ou toute autre chose commune, sitôt qu'elle a été consacrée par quelques paroles, devient un objet de vénérations invoqué dans les serments. Les noirs sont extrêmement vaniteux, à la manière des noirs, et si bavards qu'il faut les dispenser à coups de bâton ». *Observations sur le Sentiment du Beau et du Sublime*, p. 60. Devant ces faits empiriques, Kant conclut à un défaut de discipline et de contrainte que les « nations non civilisées » n'ont pas connu. Seulement Kant semble ignorer que les peuples qu'il appelle « nations non civilisées » dans son cours de pédagogie, ont une représentation du monde différente des Européens. En effet, pour comprendre ces « nations non civilisées », il faut au préalable les situer dans leur contexte culturel, sociologique, humain. Cela

combien trompeur du "bon sauvage" libre, heureux, le

---

signifie que l'argumentation, pour objective qu'elle paraisse, en éludant les traditions, les représentations collectives de ces peuples, se videra de sa substance et ne pourra faire l'accord des esprits ; car ignorer l'existence humaine et concrète de ces peuples –et d'ailleurs le fait de les appeler « nations » suppose *a priori* une reconnaissance– c'est ne pas tenir compte de leur personnalité, de leur histoire. Cette vision "européomorphique" assez curieuse chez Kant s'explique sans doute comme le dit Georges Vlachos par "l''inexistence" d'une sociologie et d'une ethnologie véritables à l'époque ; à moins que l'ethnocentrisme kantien d'un jour ne serve que d'ironie et de cible pour l'ethnocentrisme subtil qui se justifie en feignant de se reconnaître dans la nature fabuleuse des sociétés exotiques, l'exotisme facile et naïf dont Lévi-Strauss se moque par exemple dans ses *Tristes Tropiques*. Cependant il est évident que la recherche ethnologique est insuffisante chez Kant : pas de commentaire détaillé, pas de documentation convaincante. Puisqu'il s'agit d'ethnologie, signalons que certains philosophes comme Lucien Levy Bruhl ont éprouvé des difficultés considérables en abordant l'examen des représentations collectives des sociétés primitives. Sans instrument de connaissance, sans aucune méthodologie dans la recherche ethnologique, Levy Bruhl avait abouti aux remarques telles que « l'indifférence de la mentalité primitive aux causes secondes », le « défaut de réflexion ». « Au milieu de cet enchevêtrement de participations et d'exclusions mystiques, disait-il, les représentations que l'individu a de lui-même soit vivant, soit mort, et du groupe auquel il "appartient", ne ressemblent que de loin à des idées ou à des conceptions. Elles sont senties et vécues plutôt que pensées. Ni leur contenu, ni leurs liaisons ne sont soumis rigoureusement à la loi de la contradiction ». *La mentalité primitive*, Paris, PUF, 15e édition 1960, p. 522. Dans un ouvrage paru en 1973 aux éditions Présence Africaine, à Paris, Théophile Obenga déclarait : « L'autorité de Levy Bruhl a par conséquent pour fondement des données assez illusoires, car les voyageurs et les missionnaires n'obéissaient qu'aux fantaisies de leur imagination et aux catégories de leurs dogmes ». *L'Afrique dans l'antiquité.Egypte pharaonique-Afrique noire,* préface de Cheik Anta Diop, p. 343-344. Cependant il faut reconnaître à Levy-Bruhl une certaine honnêteté intellectuelle, car dans ses *Carnets,* il repensera les analyses douteuses, gratuites et infondées de son oeuvre, « un examen plus serré, dira-t-il, m'a donc conduit à une interprétation meilleure des faits recueillis dans les documents de l'Afrique occidentale française. Je me suis préoccupé de vérifier l'idée préconçue d'une différence au point de vue logique entre l'attitude mentale des indigènes, en certaines circonstances, et la nôtre. En ce qui concerne le caractère "prélogique" de la mentalité primitive j'avais déjà mis beaucoup d'eau dans mon vin depuis vingt cinq ans ; les résultats auxquels je viens de parvenir touchant ces faits rendent cette évolution définitive, en me faisant abandonner une hypothèse mal fondée, en tout cas, dans les cas de ce genre"» *Les carnets de Lucien Levy-Bruhl*, préface de Maurice Leenhardt, Paris, P.U.F., p. 60.

mythe de l'univers enchanteresque des « nations non civilisées ». « Ce n'est point chez elles, comme Rousseau et d'autres le veulent, un noble penchant à la liberté ; ce n'est qu'une certaine rudesse « *Rohigkeit* », puisqu'ici d'une certaine manière l'animal n'a pas encore développé en soi l'humanité. Aussi bien l'homme doit-il de bonne heure être habitué à se soumettre aux prescriptions de la raison »[84].

Vraisemblablement, à en croire Kant, la discipline absente dans la culture des peuples au monde est fondamentale dans la voie qui conduit à la connaissance des devoirs et à l'Idée de l'humanité. L'enfant doit être soumis à la discipline, « C'est l'acte par lequel on dépouille l'homme de son animalité»[85]. La discipline éloigne l'homme de la "sauvagerie" et des penchants animaux, « on dresse des chiens, des chevaux ; on peut aussi dresser des hommes »[86]. II faut donc envisager une contrainte, une discipline, autrement les penchants demeureront, une liberté sauvage, liberté anarchique, liberté instinctuelle et irresponsable. « Dans l'opération de la discipline c'est la totalité de l'éducation qui est en jeu »,[87] et "celui qui n'est pas cultivé est brut, celui qui n'est pas discipliné est sauvage. Le défaut de discipline est un mal bien plus grand que le défaut de culture, car celui-ci peut se réparer plus tard ; mais la sauvagerie ne peut plus être chassée et une erreur dans la discipline ne peut être comblée »[88]. L'éducation a comme but de vaincre les impulsions anarchiques de la liberté native. Cultiver la raison chez l'enfant c'est au préalable appliquer la discipline, croire

---

[84] *Réflexions sur l 'éducation*, p. 71-72.
[85] *Réflexions sur l'éducation*, p. 71.
[86] *Réflexions sur l'éducation,* p. 83.
[87] A. Philonenko, *Introduction aux Réflexions sur l'éducation*, p. 35.
[88] *Réflexions sur l'éducation*, p. 74.

aux vertus de la contrainte[89], à la nécessité de la rigueur capable de le rendre libre, raisonnable, membre de l'espèce humaine qui a la volonté de résoudre le problème de la réalisation d'une *Société civile*, « société future, libre et harmonieuse »[90].

La destination de l'homme, sous cet angle, rapproche Rousseau et Kant. En effet, quoique partisan de l'état de nature, Rousseau ne pense pas trouver le salut de l'homme, ni sa liberté dans sa nature primitive. Il dit d'ailleurs : « Il ne faut pas prendre les recherches dans lesquelles on peut entrer sur ce sujet pour des vérités historiques, mais seulement pour des raisonnements hypothétiques et conditionnels »,[91] et « si je me suis étendu si longtemps sur la supposition de cette condition primitive, c'est qu'ayant d'anciennes erreurs et des préjugés invétérés à détruire, j'ai cru devoir creuser jusqu'à la racine... »[92]. La liberté selon Rousseau et à bien des égards selon Kant, la liberté véritable, ne peut être affirmée qu'au sein de l'Etat et nécessairement sous la contrainte des lois. Celui qui s'assigne des tâches, des devoirs, celui qui se reconnaît dans sa perfectibilité, qu'il met notamment au service de la communauté humaine, dans un Etat cosmopolitique dont le fondement originaire se trouve précisément dans le développement de la raison humaine, dans un certain

---

[89] Certains aspects de l'idée de contrainte dans la formation de l'enfant seront repris par Fichte après Locke et Kant, par exemple cette réflexion des *Discours à la Nation allemande* le témoigne bien « ...Alors que la contrainte dont nous parlons, une fois l'éducation achevée, rétablit l'élève dans toute sa liberté personnelle et ne peut avoir pour lui que des conséquences salutaires ? », Paris, Aubier Montaigne, 1981, p. 220. La contrainte dont parle Fichte -et à ce propos disciple de Kant- vise indubitablement à éliminer la condition animale des égoïsmes individuels en vue de la fondation d'un caractère, de la liberté raisonnable, « d'une communauté spirituelle universelle : l'avènement du règne de la liberté dans l'humanité tout entière ». Martial Gueroult, *Etudes sur Fichte*, Paris, Aubier Montaigne, 1977, p. 244.

[90] Martial Gueroult, *op. cit..*, p. 244.

[91] *Discours sur l'inégalité*, p. 158.

[92] *Discours sur l'inégalité*, p. 202.

progrès général de l'humanité, celui là est un homme libre. « Pour lui, liberté n'est nullement synonyme d'arbitraire, au contraire, la liberté est le dépassement, le rejet de tout arbitraire. Elle signifie l'obéissance à une loi stricte et infrangible que l'individu érige au-dessus de lui-même. La vraie liberté, la liberté authentique ne réside pas dans le fait de se détourner ou de se détacher de cette loi, mais dans le mouvement autonome de la volonté qui y *adhère*. Et la liberté se réalise dans la *volonté générale*, dans la volonté de l'Etat. Ce dernier s'empare sans la moindre réserve de l'individu, mais ce n'est pas alors en tant qu'institution de contrainte, car il ne fait ainsi que l'enrôler sous une obligation que l'individu lui-même juge valable et nécessaire, donc qu'il approuve en raison de ce qu'elle est, comme en fonction de ses propres intérêts. C'est là le cœur du problème politico-social »[93]. Assurément –il faut le souligner– « l'état de nature ne permettant pas de réaliser la liberté sociale, le devoir moral (l'impératif catégorique) impose aux hommes de s'arracher à l'état de nature et de fonder un état civil : l'Etat. Ce devoir moral prend alors un caractère juridique. S'y soumettre n'est pas affaire de sentiment subjectif. Bien au contraire, chaque individu est de droit, donc objectivement, engagé envers tous les autres, à vivre avec eux dans le cadre d'un Etat »[94]. Considérer l'état de nature comme passage obligé pour la restauration de l'humain et des libertés fondamentales, c'est détruire en quelque sorte l'idée de liberté, la conscience du devoir que nous portons en nous. Kant remarque que « si l'on parle du bonheur de l'homme sauvage, ce n'est pas pour retourner dans les forêts, c'est seulement pour voir ce que l'on a perdu d'un côté, tandis

---

[93] Cassirer, « Le problème Jean Jacques Rousseau (II) », in *Revue de Métaphysique et de Morale*, Paris, Armand Colin, Juillet-Septembre, 1986, p. 402.

[94] Otfried Höffe, *Introduction à la philosophie pratique de Kant, La morale, le droit, la religion*, Fribourg (Suisse), 1985, p. 221.

qu'on gagne de l'autre »[95] ; et « Rousseau ne pensait pas que l'homme dût revenir à l'état de nature, mais qu'il devait jeter sur lui un regard rétrospectif à partir du niveau qu'il atteint aujourd'hui. Il admettait que l'homme est bon par *nature* (la nature telle qu'elle est transmise par l'hérédité) ; mais d'une manière négative, c'est-à-dire qu'il ne serait pas méchant de lui-même et d'une manière intentionnelle il serait en danger d'être corrompu par des guides mauvais ou maladroits »[96]. Il est vrai que « Chez Rousseau, en effet, *droit* à l'Etat de nature, l'homme ne cesse de se courber dans la société »,[97] et chez Kant le passage de la nature à la culture exige toujours la rigueur (une procédure répressive destinée à discipliner et à réformer les tendances et les besoins)[98], cependant sur le plan de la liberté humaine, des exigences morales[99] auxquelles nous

---

[95] *Remarques sur les Observations sur le Sentiment du Beau et du Sublime*, p. 67.

[96] *Anthropologie*, p. 165.

[97] Alexis Philonenko, *La Théorie kantienne de l'histoire*, Paris Vrin, 1986, p. 170.

[98] Ce que la pratique pédagogique de Jean Jacques Rousseau réfute ; chez lui l'âge de la sensation précède celui de la réflexion et il est nécessaire de fonder l'éducation sur la nature, au lieu d'apprivoiser, de corrompre en fait, les intuitions premières de l'enfance.

[99] Rousseau a sans doute incité Kant à se pencher sur les profondeurs de l'âme humaine non pas pour exhumer les titres désuets d'une métaphysique honteuse, mais pour méditer sur la vocation supra empirique de l'homme, la vocation morale. « C'est par cet ardent besoin de rénovation intérieure, par cette aperception pénétrante d'un rapport plus immédiat entre l'âme humaine et ses motifs d'agir, d'avoir foi, d'espérer, que Rousseau put conquérir la fière nature morale de Kant. A Rousseau Kant dut sans aucun doute, d'éprouver plus vivement qu'il fallait ressusciter la moralité véritable pour être à même d'en trouver la véritable explication ; il lui dut d'entrevoir qu'un lien plus solide et plus intime que celui des déductions métaphysiques ordinaires pouvait rattacher la conscience humaine aux croyances dont elle réclame le soutien. Sous le simple effort de sa réflexion, il avait déjà senti chanceler le vieil édifice de la métaphysique ; il s'était laissé séduire par les sagaces observations des Anglais qui dégageaient prudemment, pour leur faire un sort à part, certaines inclinations relativement constantes de la nature humaine ; mais il ne pouvait évidemment trouver là la base qu'il fallait à une reconstruction spirituelle : c'est Rousseau qui, en écartant la vaine subtilité des

nous référons dans notre existence en dépassant les conditions empiriques de notre humanité, les deux inspirations présentent une identité de vue commune ; « Le problème est bien de préserver, remarque Jean Ferrari, ce qui appartient à la nature première de l'homme, ce qui correspond à une fin de la nature, de l'avilissement lié à l'état social dont la médiation est toutefois nécessaire pour accéder à la moralité. Ce débat correspond à la problématique de Jean Jacques Rousseau telle qu'elle a été comprise par Kant »[100]. Assurer donc le passage de l'instinct à la culture, de l'animalité à l'humanité, telle est la tâche fondamentale de l'éducation.

En examinant les rapports de l'homme et l'animal, nous avons abouti à quelques conclusions provisoires. La nature oriente et organise la vie animale. En revanche l'homme « est condamné à chaque instant à inventer l'homme »[101] ; il lui faut une culture, une éducation. L'instauration des valeurs (les tâches humaines, la création) suppose donc au préalable l'éducation, fin ultime pour l'homme, fin morale et politique ; « il est deux découvertes humaines, finit par observer Kant, que l'on est en droit se considérer comme les plus difficiles ; l'art de gouverner les hommes et celui de les éduquer ; et cependant on en est encore à disputer de leurs Idées »[102]. Problème donc difficile, problème angoissant eu-égard à la complexe dualité que l'on trouve chez l'homme à la fois être de besoins et être raisonnable. Le résoudre c'est démêler ce qu'il y a de profond et de contradictoire chez

---

arguments philosophiques, en prétendant ne consulter que la lumière intérieure, lui attestait la possibilité de bâtir sur d'indestructibles fondements la métaphysique nouvelle, la métaphysique de la liberté et de la raison pratique ». Victor Delbos, *La Philosophie pratique de Kant*, p. 106.

[100] *Les sources françaises de la philosophie de Kant*, Paris, Librairie Klincksieck, 1979, p. 193.

[101] Jean Paul Sartre, *L'existentialisme est un humanisme*, Paris, Editions Nagel, 1970, p. 38.

[102] *Réflexions sur l'éducation*, p. 78.

l'être humain, à savoir l'intuition de l'existence, la réalisation de sa propre fin, c'est-à-dire la liberté, « qui de la grossièreté le mène à la culture dont le fondement véritable est la valeur sociale de l'homme »[103]. Kant pose le problème de la fin de l'éducation, de ses fondements, et *a fortiori* de ses limites. Quelle est donc l'idée Kantienne de l'éducation ?

[103] *La Philosophie de l'histoire*, p. 31.

TROISIEME PARTIE

L'IDEE KANTIENNE DE L'EDUCATION

« L'homme doit d'abord développer ses dispositions au bien ; la Providence ne les a pas mises en lui toutes achevées ; ce sont de simples dispositions sans la marque distinctive de la moralité »

Kant, *Réflexions sur l'éducation*, p. 77.

3.1. Idéal de l'éducation humaine

La thèse fondamentale de l'éducation kantienne se résume en cette formule : « L'homme ne peut devenir homme que par l'éducation. II n'est que ce que l'éducation fait de lui ». Cela veut dire que l'homme doit sortir de l'état de nature, se débarrasser de ses inclinations par la culture et s'assumer au sein d'une *Société civile.* « L'homme est destiné par sa raison à former une société avec les autres et dans cette société à se *cultiver*, à se *civiliser* et à se moraliser par l'art et par les sciences ; aussi fort que soit son penchant animal à s'abandonner passivement aux attraits du confort et du bien être, qu'il appelle félicité, sa raison le destine au contraire à se rendre digne de l'humanité dans l'actif combat contre les obstacles qu'oppose la grossièreté de sa nature »[104]. Cependant cela n'est pas aussi évident observe Kant. « II faut donc à l'homme une éducation : mais celui qui a tâche de l'éduquer est aussi un homme, affecté par la grossièreté de sa nature, et il doit produire chez l'autre ce dont il a lui-même besoin. C'est pourquoi l'homme dévie constamment de sa destination et qu'il y revient toujours à nouveau »[105].

Toutefois, doué d'une faculté de synthèse, de la raison pratique, l'homme s'efforce quand même d'assumer la totalité de son être, en essayant de se reconnaître dans les devoirs envers soi-même et envers autrui, en se montrant digne de sa condition. Perspective en effet cathartique d'autant plus que cela retrace et replace (objectivement) l'homme dans son ambition première, celle de la quête de soi, de la souveraineté de la conscience morale, de la

[104] *Anthropologie*, p. 164.
[105] *Anthropologie*, p. 164.

société humaine fondée en raison, « Tel est le caractère *intelligible* de l'humanité en général, et dans cette mesure l'homme, selon ses dispositions innées, est *bon* par nature »[106]. Seulement cette disposition morale que l'on perçoit chez l'homme n'est pas connaissable, ni communicable ; elle ne saurait s'enseigner, ni être démontrée dans l'expérience, l'homme y tend par « le progrès indéfini », progrès postulé qui correspond au destin de l'être raisonnable.

L'éducation s'avère ainsi incapable de définir concrètement la liberté humaine ; car le penchant (tout au plus l'animalité) qui porte l'individu à user abusivement de sa liberté est plus fort. D'ailleurs, « même dans une république, qui représente le développement le plus haut des bonnes dispositions de l'espèce humaine pour la fin dernière de sa destination, l'*animalité* est, dans ses manifestations, antérieure à la pure humanité et au fond plus puissante qu'elle »[107]. En définitive, le discours pédagogique destiné à former, à instruire, émanant de l'être humain affecté par la grossièreté de sa nature, se réduit aux pures intentions généreuses, à savoir soulager au lieu de sauver ; prétendre à l'élévation spirituelle serait donc un voeu pieux.

L'éducation est donc un problème pour l'homme, le plus difficile qui lui soit posé, problème insoluble à en croire Kant : « En effet, les lumières "Einsicht" dépendent de l'éducation et à son tour l'éducation dépend des lumières »[108], « c'est pourquoi l'éducation est le plus grand et le plus difficile problème qui puisse être posé à l'homme »[109]. Comment détruire les tares, la destination physique, animale et individuelle chez l'homme ?

---

[106] *Anthropologie*, p. 163.
[107] *Anthropologie*, p. 165.
[108] *Réflexions sur l'éducation*, p. 77.
[109] *Réflexions sur l'éducation*, p. 77.

Comment élever ce dernier au-dessus de l'état de nature ? Comment le conduire à sa véritable destination pour l'instauration du bien intelligible, de l'*organisation de l'état*, la loi la plus haute d'une société civile en général ?[110] . Autant dire que l'idée de développement des dispositions naturelles de l'homme (son accomplissement même) est entièrement impossible ; le privilège comme on le sait échoit à l'espèce, « chez l'homme (en tant que seule créature raisonnable sur terre), les dispositions naturelles qui visent à l'usage de sa raison n'ont pas dû recevoir leur développement complet dans l'individu mais seulement dans l'espèce »[111]. Les limites de l'éducation sont évidentes, ces limites sont celles de l'homme, de sa finitude, caractérisée par sa nature sensible.

Kant ne s'arrêtera pas à ces conclusions. En effet, il est peut être illusoire d'élaborer un projet d'éducation dans le but de libérer l'homme des besoins et des passions sociales ; mais concevoir une théorie de l'éducation, en avoir au moins l'Idée est possible, cela n'est pas contradictoire[112]. L'idée d'une théorie de l'éducation inciterait à mobiliser les potentialités humaines ; d'ailleurs « j'entends par idée dit Kant un concept rationnel nécessaire auquel nul objet qui lui corresponde ne peut être donné dans les sens »[113] ; ainsi « une idée n'est rien d'autre que le concept d'une perfection, qui ne s'est pas encore rencontrée dans l'expérience »[114] ; en d'autres termes l'idée ne relève pas du fortuit, du donné de la connaissance, l'idée est une représentation, une pensée pure. Il s'agit d'un concept différent de ceux qui fondent la

---

[110] *Anthropologie*, p. 168.

[111] *Philosophie de l'histoire*, p. 28.

[112] En effet, comme pensée possible, régulatrice en soi, l'éducation comme concept, serait une représentation nécessaire qui ne renfermerait aucune contradiction ; donc pratique dans sa visée.

[113] *Critique de la raison pure*, p. 270.

[114] *Réflexions sur l'éducation*, p. 75.

connaissance en s'appuyant sur l'intuition. L'éducation conçue comme Idée ne serait ni une métamorphose de l'éducation actuelle, ni un projet pédagogique idyllique, mais un concept situé au-delà des déterminations empiriques, un concept qui exigerait une éducation supérieure, qui serait l'exigence même d'un achèvement ; et « c'est un noble idéal que le projet d'une théorie de l'éducation et quand bien même nous ne serions pas en état de le réaliser, il ne saurait être nuisible. On ne doit pas tenir l'Idée pour chimérique et la rejeter comme un beau rêve, même si des obstacles s'opposent à sa réalisation »[115].

Ce point de vue est conforme aux desseins criticistes qui vont de la spéculation à l'activité humaine pratique, du moi empirique au moi humain, en essayant de comprendre la structure de l'inconditionné, l'exigence de la raison par laquelle nous sommes conduits à nous représenter l'idéal d'univers, l'univers comme totalité achevée, totalité structurée : un modèle qui ne saurait être sensible, car unique et parfait, un modèle qui sert de référence et qui nous rapproche véritablement (sans conteste) des *Idéaux* régulateurs. Par exemple « de même que l'idée donne la *règle*, l'idéal sert, en pareil cas, de *prototype* à la détermination complète de la copie et nous n'avons, pour juger nos actions, d'autre règle que la conduite de cet homme divin que nous portons en nous et auquel nous nous comparons pour nous juger et pour nous corriger ainsi, mais sans jamais pouvoir en atteindre la perfection. Ces idéaux, bien qu'on ne puisse leur attribuer de *réalité* objective (d'existence), ne doivent pas, cependant, être regardés comme des chimères »[116]. Et c'est sans démagogie que Kant va s'inspirer de Platon en désignant par *Idées* les concepts purs de la raison. On sait ce que

[115] *Réflexions sur l'éducation*, p. 75.
[116] *Critique de la raison pure*, p. 414.

représente la *République* de Platon dans la connaissance du bien, l'accès au vrai, forme la plus haute de l'éducation qui exige une montée, la dialectique ascendante du Nous ; mais le plus significatif est certainement le caractère paradigmatique et régulateur de cette *Cité* grecque idéalisée, sa direction pour la nature humaine, pour l'éducation en général[117].

Le problème posé ne concerne nullement la réalisation effective de cette *République*. il faut seulement en avoir l'Idée, l'Idée comme totalité. Nous pouvons ne pas connaître l'Idée de l'éducation, l'Idée de développement de la nature humaine (l'Idée de la *Société des Nations* par exemple), mais nous pouvons au moins penser la nécessité de la réaliser (y croire). Cette nécessité se présente, d'après Kant, sous forme de loi, de commandement de l'*impératif catégorique*, d'exigence morale qui donne un sens à l'homme en tant qu'être raisonnable soucieux de progrès et de perfection, de développement et d'épanouissement de toutes ses qualités, de toutes ses dispositions dans le cadre de l'humanité. Voici d'ailleurs ce que dit Kant à propos des idées comme archétypes des choses elles-mêmes, et particulièrement à propos de *La République* de Platon :

> "*La République* de Platon est devenue proverbiale, comme exemple prétendu frappant d'une perfection imaginaire qui ne peut avoir son siège que dans le cerveau d'un penseur oisif et Brucker trouve ridicule cette assertion du philosophe qu'un prince ne gouverne jamais bien, s'il ne participe aux idées. Mais il vaudrait bien mieux s'attacher davantage à cette idée et (là où cet homme éminent nous laisse sans secours) la mettre en lumière grâce à de nouveaux efforts, que de la

---

[117] Jacques Ulmann a su commenter en de belles pages les idées éducatives de Platon. *La nature et l'éducation. L'idée de nature dans l'éducation physique et dans l'éducation morale*, Paris Vrin, 1964, p. 224 et sq.

> rejeter comme inutile, sous le très misérable et très honteux prétexte qu'elle est irréalisable. Une constitution ayant pour but *la plus grande liberté humaine* fondée sur des lois qui permettraient *à la liberté de chacun de subsister en même temps que la liberté de tous les autres* (je ne parle pas du plus grand bonheur possible, car il en découlerait de lui-même), c'est là au moins une idée nécessaire qui doit servir de base non seulement aux grandes lignes (*im easten Entwurfe*) d'une constitution civile, mais encore à toutes les lois, et où il faut faire abstraction, dès le début, des obstacles actuels, lesquels résultent peut être moins inévitablement de la nature humaine que du mépris que l'on a fait des vraies idées en matière de législation... et il est tout à fait raisonnable d'affirmer (comme le fait Platon) que si la législation était pleinement d'accord avec ces idées, on n'aurait plus besoin d'aucune peine. Or, bien que ceci ne puisse jamais se produire, l'idée, cependant, est tout à fait juste qui prend ce *maximum* comme archétype et se règle sur lui pour rapprocher toujours davantage la constitution légale des hommes de la plus grande perfection possible »[118].

L'idée d'une théorie de l'éducation est une exigence de la raison, la raison prescrit ainsi des tâches, des devoirs ; c'est donc le refus de ce qui est, le refus de l'individualisme, des idéologies, refus du *matérialisme*, du fatalisme, de l'*athéisme*, de l'*incrédulité* des libres penseurs (*Freigeisterischen*), du *fanatisme*, de la *superstition*, de l'*idéalisme* et du *scepticisme*[119] : c'est la naissance d'une voie nouvelle, la voie morale. L'idée de l'éducation relevant de l'intelligence supérieure ne peut

---

[118] *Critique de la raison pure*, p. 264-265.
[119] *Critique de la raison pure. Préface de la seconde édition*, (1787), p. 26.

être démontrée dans l'expérience, ni saisie par l'être raisonnable fini que nous sommes quels que soient l'accroissement et l'extension des connaissances[120]. Cependant se la représenter, penser la nécessité de la réaliser est une possibilité pratique de notre entendement, nécessaire, parce qu'il nous faut ces idées, ces objets de pensée, (objets de la raison) qui donnent sens et vie ; « ils dirigent, sur le plan de la théorie, le travail de la recherche (les *idées*) en exigeant le progrès méthodique de la science et, sur le plan infiniment plus élevé de la morale, ils garantissent à l'homme la possibilité d'une vie sensée» : la liberté, inconnaissable, la survie de l'âme et la justice divine, tous deux indémontrables à la connaissance, rendent sensé pour l'être fini l'effort de l'être raisonnable qui, pourtant, à chaque moment s'oppose aux aspirations immédiates (naturelles) du premier »[121]. Penser donc la totalité des substances infinies, l'achèvement de la série des conditions, l'unité de l'objet (unité du monde naturel et humain), c'est aspirer à une unité sensée, possible par le progrès indéfini ; progrès vers le mieux qu'intéresse l'être raisonnable, « le progrès à l'infini des degrés inférieurs aux degrés supérieurs de la perfection morale »[122]. Cette aspiration est en fait un désir mais pratique exprimé sous forme de *postulat de la raison pure pratique*, notamment l'*immortalité de l'âme et l'existence de Dieu*

---

[120] Cela est également valable pour la liberté, « une simple Idée, dont la réalité objective ne peut en aucune façon être mise en évidence d'après des lois de la nature, par suite dans aucune expérience possible, qui, en conséquence, par cela même qu'on ne peut jamais mettre sous elle un exemple, selon quelque analogie, ne peut jamais être comprise ni même seulement aperçue « *Fondements de la métaphysique des mœurs* », trad. V. Delbos, Paris,Vrin, 1980, p.144 ; et il est certain que « le concept de la liberté est le seul qui nous permette de ne pas sortir de nous-mêmes afin de trouver pour le conditionné et le sensible, l'inconditionné et l'intelligible » *Critique de la raison pratique*, p. 112.

[121] Eric Weill, *Problèmes kantiens*, Paris, Vrin, 1963, p. 112.

[122] *Critique de la raison pratique*, p. 132.

indémontrables, conduisant l'être raisonnable à la dignité humaine.

Tenter donc d'aller au-delà des limites de la connaissance affranchit l'esprit de l'indifférentisme à l'égard de l'intelligible et de la réalité de la praxis humaine : l'intérêt même de la raison est d'éviter une espèce de cloisonnement , d'enfermement sur elle-même ; il lui faut un défi, une orientation dans la pensée, au cœur du monde intelligible, et « … c'est ici qu'intervient le *droit* du besoin de la raison (à titre de principe subjectif) lui permettant d'admettre et de supposer ce qu'elle ne doit point prétendre savoir en fonction de principes objectifs, ici intervient par conséquent le droit de la raison de s'orienter dans la pensée, ou en cet espace supra-sensible incommensurable et plein de ténèbres pour nous, uniquement d'après son propre besoin »[123]. C'est dans ce contexte que s'inscrirait l'idée d'une théorie de l'éducation qui restituerait à l'homme ses fins pratiques.

---

[123] Kant, *Qu'est-ce que s'orienter dans la pensée*, trad. Alexis Philonenko, Paris, Vrin, 4e édition 1978, p. 79. Toutefois dans la *Critique de la raison pratique*, Kant élucide cette tendance naturelle à la raison pure (besoin spéculatif) ce désir hyperphysique de ne pas se satisfaire du donné : « Un *besoin* de la raison pure dans son usage spéculatif ne conduit qu'à des *hypothèses*, le besoin de la raison pure pratique conduit à des *postulats*. Car dans le premier cas, je m'élève du dérivé aussi haut *que je le veux* dans la série des principes (Gründe) et j'ai besoin d'un premier principe (*Urgrundes*), non pour donner à ce dérivé (par exemple à la liaison causale des choses et des changements dans le monde) de la réalité objective, mais seulement pour satisfaire complètement ma raison dans ses recherches sur ce sujet… Au contraire, un besoin de la raison pure *pratique* est fondé sur un *devoir*, celui de prendre quelque chose (le souverain bien) comme objet de ma volonté pour travailler de toutes mes forces à le réaliser (*es… zu befördern*) ; dans ce cas, je suis obligé (*muss*) de supposer la possibilité de cet objet, partant aussi les conditions nécessaires à cette possibilité, c'est-à-dire Dieu, la liberté et l'immortalité, parce que je ne puis les prouver par ma raison spéculative, quoique je ne puisse pas plus les réfuter. Ce devoir se fonde sur une loi entièrement indépendante de ces dernières suppositions... C'est-à-dire sur la loi morale », pp. 151-152.

Par fidélité à Platon dans une certaine mesure, Kant va illustrer sa thèse sur l'idée de l'éducation suprême en évoquant l'exemple du concept de la vertu. Selon lui, puiser dans l'expérience le concept de la vertu, reviendrait à prouver sa réalité, à banaliser ce qu'elle représente, à supprimer en définitive sa causalité intelligible. Ainsi en donnant un contenu à la vertu, tout ce qu'elle a de pratique comme règle d'activité disparaîtrait. Toutefois que la vertu échappe à la connaissance humaine, aux déterminations spatio-temporelles, nous serons toujours portés et conduits vers elle. Dans ce cas, peut-on conclure que le concept de la vertu est une véritable illusion ? Kant ne le partage pas car dit-il « Qu'un homme n'agisse jamais d'une manière adéquate à ce que contient l'idée pure de la vertu, cela ne prouve pas qu'il y ait dans cette notion quelque chose de chimérique. Cela n'empêche pas, en effet, que tout jugement sur la valeur ou le manque de valeur morale ne soit possible qu'au moyen de cette idée ; par suite, cette idée sert nécessairement de fondement à tout progrès vers la perfection morale, si loin, d'ailleurs, que nous en soyons tenus éloignés par les obstacles que nous rencontrons dans la nature humaine et dont il est impossible de déterminer le degré »[124]. Cela montre assurément le besoin de croyance, besoin de dépasser le savoir ; et c'est à juste titre que Kant revient sur cette remarque dans les *Réflexions sur l'éducation* : « Si par exemple tout le monde mentait, la franchise serait pour cela une simple chimère ? Et l'idée d'une éducation, qui développe toutes les dispositions naturelles en l'homme, est certes vêridique »[125]. Finalement l'idée d'une théorie de l'éducation est une nécessité, un idéal dans la vie morale.

[124] *Critique de la raison pure*, p. 264.
[125] *Réflexions sur l'éducation*, p. 75.

3.2. Les fins de l'éducation

L'accès à la liberté, à l'éducation morale passe par une prise de conscience, par la reconnaissance du moi nouménal, par l'insertion de l'intelligible dans le sensible. Cependant cette tâche, quoique commandée par des exigences morales, se heurte à la complexe dualité naturelle en l'homme, animal raisonnable fini qui ne peut remplir convenablement sa destinée (esclave soit de sa sensibilité, soit de sa volonté) et être raisonnable, capable de bon sens et d'humanité. En effet « le problème de l'éducation morale pour notre *espèce* demeure donc sans solution en raison du principe et pas seulement pour une question de degré ; car un mauvais penchant inné en l'espèce peut être blâmé par la raison humaine universelle, en tout cas freiné, mais jamais extirpé »[126]. Assurément le mal radical compromet véritablement les desseins fondamentaux de l'éducation humaine : « Cette tâche dit Kant est par conséquent la plus difficile à remplir de toutes ; à vrai dire sa solution parfaite est impossible ; le bois dont l'homme est fait est si noueux qu'on ne peut y tailler des poutres bien droites. La nature nous oblige à ne pas chercher autre chose qu'à nous approcher de cette idée »[127].

Epineux problème, celui de l'éducation morale, problème de la fin dernière de l'homme ; d'ailleurs le scepticisme de Kant est d'autant plus grand qu'il remarque : « En effet, quel peut être le plus haut degré auquel l'humanité doit s'arrêter et combien grande peut être par conséquent la distance qui subsiste nécessairement entre l'idée et sa réalisation, personne ne peut et ne doit le

---

[126] *Anthropologie*, p. 165.

[127] *Philosophie de l'histoire*, p. 35.

déterminer, précisément parce qu'il s'agit de la liberté qui peut dépasser toute limite assignée »[128].

L'éducation consiste donc à éloigner l'homme de l'état de nature (l'âge de la sensation) pour entrer dans un état de civilisation où il fera pleinement usage de sa liberté sous une contrainte légale. Cela suppose non seulement la discipline des penchants mais surtout l'élévation à des fins supérieures. Kant remarque à ce propos :

> « En ce qui concerne la discipline des penchants, pour lesquels par rapport à notre destination en tant qu'espèce animale la disposition naturelle se trouve être parfaitement finale, mais qui rendent bien difficile le développement de l'humanité, on constate aussi cependant, au point de vue de cette seconde exigence de la culture, une tendance finale "ein Zweck mässiges Streben" de la nature à un développement, qui nous rend aptes à des fins plus élevées que celles que peut proposer la nature. On ne saurait contester le surcroît de maux que déverse sur nous, grâce à la foule insatisfaite des penchants ainsi produits, le raffinement du goût jusqu'à son idéalisation, et même le luxe dans les sciences, véritable aliment de la vanité ; en revanche il ne faut pas méconnaître la fin de la nature voulant réduire toujours davantage la grossièreté et la brutalité des penchants qui en nous appartiennent plutôt à l'animalité et s'opposent le plus au développement de notre destination supérieure (les penchants à la jouissance), et faisant place à l'évolution humaine. Les beaux-arts et les sciences, qui rendent l'homme sinon meilleur moralement du moins plus civilisé, grâce à un plaisir qui peut être communiqué à tous et à la politesse et au raffinement pour la société, gagnent bien du terrain sur la tyrannie du penchant sensuel et ce faisant

[128] *Critique de la raison pure*, p. 265.

préparent l'homme à une domination en laquelle la raison seule possédera la puissance, puisque les maux qui nous sont infligés en partie par la nature, en partie par l'intraitable égoïsme de l'homme, font en même temps appel aux forces de l'âme, les intensifient et les fortifient afin qu'elles y résistent et nous font ainsi sentir une aptitude à des fins supérieures, qui est cachée en nous »[129].

Sortir de l'état de nature, c'est sortir de l'état anarchique de sauvagerie pour embrasser le droit et l'itinéraire qui conduit à la fondation d'une Société des Nations[130]. Cela nécessite l'application de la loi, la loi pure et *a priori*, qui s'adresse normalement à un être raisonnable, fini, déterminé, l'être raisonnable vivant dans un état de nature dont, moralement, il doit sortir[131].

Le rationalisme de Kant se donne ainsi une doctrine politique : l'homme en tant qu'animal raisonnable fini est par conséquent animal social et non barbare ; il lui faut un Etat, une société organisée qui lui permettra de réaliser le vrai progrès moral, la constitution d'Etat sous les concepts du droit de l'homme.

Toutefois la liberté, fin essentielle, ne saurait se réaliser pleinement malgré la fuite hors du sensible, l'abandon de l'état de nature et sa substitution par les règles juridiques. En effet, plusieurs nations continuent de régler leurs relations par la violence, la ruse, sombrant de nouveau dans la barbarie. Pour réaliser cette fin de la nature (liberté) une Société des Nations fondée sur le droit (société organisée, policée) doit se superposer à la nation.

---

[129] *Critique de la faculté de juger*, p. 243.

[130] Kant note ce qui suit : « Tu dois, en raison de ce rapport de coexistence inévitable avec tous les autres hommes, sortir de cet état pour entrer dans un état juridique, c'est-à-dire dans un état de justice distributive », *Doctrine du droit*, paragraphe 42, p. 188.

[131] E. Weill. *O.C.*, p. 116.

Le *Projet de paix perpétuelle* de Kant s'inscrit bien dans cette perspective, un traité rationalisé et systématisé qui vise à la réalisation d'une organisation juridique universelle, à la garantie des libertés fondamentales (droits de l'homme) et à l'établissement des conditions nécessaires pour faire obstacle à l'état de guerre. « Un pareil problème remarque Kant doit (*muss*) pouvoir se *résoudre*. Car il ne requiert pas l'amélioration morale des hommes, mais il s'agit simplement de savoir comment on peut utiliser par rapport aux hommes le mécanisme de la nature pour diriger l'antagonisme des dispositions hostiles, dans un peuple, de telle sorte que les hommes s'obligent mutuellement à se soumettre à des lois de contrainte, produisant ainsi nécessairement l'état de paix où les lois disposent de la force »[132]. En interrogeant l'histoire et la nature, Kant aboutit à cette idée d'une *Société des Nations*, fin suprême de l'univers où vont s'accomplir les dispositions naturelles de l'homme communiquant avec la liberté dans la moralité.

Ainsi apparait un processus dialectique et historique dans la pédagogie kantienne, Education et Politique s'interpénètrent, Histoire et Progrès suivent le même mouvement dans une dialectique aux aspects téléologiques inimaginables. L'éducation kantienne coincée entre la morale et l'histoire se trouve finalement subordonnée au problème du but final de l'espèce ; or le but final de l'espèce n'est rien d'autre que la réalisation de la constitution politique la plus parfaite. La totalité de l'éducation, l'éducation morale coïncide donc avec l'avènement définitif de la raison, précisément avec l'avènement d'un Etat cosmopolitique universel, « foyer où se développeront toutes les dispositions primitives de

---

[132] *Projet de paix perpétuelle*, trad. J. Gibelin, Paris, Vrin, 1982, p. 45.

l'espèce humaine »[133] ; donc l'unification politique totale de l'espèce humaine.

Au-delà de l'*insociable sociabilité* des hommes, des métamorphoses dialectiques du *perfectionnement sans fin*, du progrès humain vers le mieux, on ne peut que s'interroger sur l'issue de la conquête de cette vérité supérieure qu'est le problème de la formation de l'Etat[134], de la bonne constitution politique ; en un mot, de la bonne formation morale d'un peuple. En effet, l'objet désiré (que ce soit le tout du phénomène ou la preuve de la liberté), est inaccessible à l'homme individuel ; il s'agit là de l'objet de foi et non de connaissance. Cependant les fins de l'éducation sont essentiellement pratiques, c'est-à-dire morales, elles doivent aller à la liberté ; mais aligner la liberté sur les enseignements de l'expérience serait la perdre d'avance. Finalement la pédagogie kantienne bute sur cette aporie.

L'éducation s'achève donc dans le domaine moral, de l'état animal au gouvernement de la raison, c'est-à-dire à la manifestation de la liberté. Comment peut elle alors revendiquer la tâche de former des sujets libres et citoyens du monde ? En effet, du point de vue de la connaissance et du savoir humain, la liberté se trouve au-dessus de l'expérience, par conséquent illimitée, infinie et inconnaissable ; en revanche, l'éducation étant en quelque sorte œuvre d'entendement, œuvre humaine, donc limitée est obligée de tenir compte de la science en général ; en d'autres termes, elle ne peut se concevoir sans attache à la nature, à l'existence concrète de l'homme. Kant la sauvera-t-elle par la culture intellectuelle et morale ? Expérience et

---

[133] *Philosophie de l'histoire*, p, 42.

[134] Kant dit à ce propos : « Le problème de la formation de l'Etat, pour tant que ce soit dur à entendre (*so hart wie es auch Klingt*), n'est pourtant pas insoluble, même s'il s'agissait d'un peuple de démons (pourvu qu'ils aient quelque intelligence) », *Projet de Paix perpétuelle*, p. 44.

morale vont elles se concilier, se nouer, et former un tout unique ?

Au terme de ce développement nous remarquons que l'idée Kantienne de l'éducation s'origine et trouve son fondement tantôt dans l'expérience humaine, tantôt dans l'histoire, tantôt dans la morale. S'il faut s'en tenir au *Traité de pédagogie* la déception sera immense d'autant plus que ce texte aride du point de vue de son contenu, ne présente aucune autorité et aucun engouement pour la connaissance. D'ailleurs, « l'ouvrage intitulé *Ueber Pädagogik* fut publié par Rink en 1803, à partir de notes que le philosophe avait utilisées dans le cours de pédagogie, qu'il fut obligé de faire à quatre reprises à l'Université de Königsberg. Kant avait remis ses notes à son disciple en vue d'une publication, mais il n'était plus à même en 1803 de la diriger ni de la contrôler, et on ne peut dire qu'elle est la part exacte de Rink dans la sélection, l'organisation et même la rédaction des textes qui composent la *Pédagogie*. Le texte de ce traité doit donc être considéré comme celui des *Vorlesungen* qui furent l'objet d'une publication posthume : sans avoir l'authenticité des textes publiés par le philosophe, ni même celle des manuscrits écrits par lui, il peut être tenu pour une expression valable de sa pensée, d'autant plus qu'il recoupe les indications pédagogiques éparses dans son œuvre et sa correspondance »[135]. Ainsi les *Réflexions sur*

---

[135] Kant, *Lettres sur la morale et la religion*, trad. de Jean Louis Bruch, Paris, Aubier Montaigne, 1969, p. 41. Une indication donnée par M. Buisson dans son dictionnaire de pédagogie dit ceci : « Ce traité (*Ueber Pädagogik*), dont il nous reste à présenter maintenant l'analyse, n'est que le recueil de notes dont Kant se servait pour le cours de pédagogie qu'il était tenu de faire à certaines époques à l'université de Königsberg, comme professeur de philosophie. Ces notes, qu'il avait écrites, suivant son habitude, sur des papiers séparés, il les confia dans les dernières années de sa vie à un de ses jeunes collègues, Théodore Rink, qui lui avait demandé la permission de les publier. Elles formèrent le *Traité de pédagogie*, que Rink fit paraître en 1803, un an avant la mort de Kant. ». « Sans doute, comme dit très bien Jules Barni, il n'y faut pas

l'éducation, notamment *l''éducation physique* et *l'éducation morale* doivent elles être examinées à la lumière des trois *Critiques* et à l'ensemble des écrits sur l'histoire, le droit, la politique et la métaphysique.

Toutefois ce qu'il faut observer, c'est la remarquable élaboration du projet pédagogique de Kant, projet qu'il faut admettre non comme un plan détaillé de l'éducation ou un vaste programme de conseils, mais plutôt comme une invitation à une réflexion sur la conduite humaine, une réflexion qui dégage les principes nécessaires pour vivre en société, les principes pour discerner le bien du mal, une réflexion qui fait comprendre la nécessité d'établir partout de bons principes jusqu'à ce que l'enfant soit pénétré de l'Idée du Bien, et puisse comprendre l'intérêt général de l'humanité.

---

chercher un ensemble harmonieux et complet ; ce n'est qu'un recueil d'observations cousues les unes aux autres et non un ouvrage savamment composé ; aussi ne doit-on pas s'étonner d'y rencontrer plus d'une lacune et bien des redites. Mais en revanche, au lieu d'une étude pénible, comme celle d'un traité didactique dans le goût allemand, on y trouve une lecture aussi facile qu'instructive, aussi attrayante que solide », *op. cit*, p. 924.

QUATRIEME PARTIE

L'EDUCATION PHYSIQUE

« L'éducation physique ne témoigne pas seulement d'une solidarité entre des savoirs, une théorie de la pratique et la pratique elle-même. Envisagée dans l'ensemble de ses déterminations, elle conjugue étroitement ces connaissances et ces techniques avec une axiologie. A défaut d'unir ces différents composants, l'éducation physique n'existe pas »,

Jacques Ulmann, *De la gymnastique aux sports modernes*, Paris, Vrin, 1977, p. 477.

« Donner à la liberté des lois est tout autre chose que cultiver la nature. La nature du corps et celle de l'âme s'accordent toutefois en ceci : dans leurs cultures respectives on tente d'éviter toute corruption et on tend à ce que l'art ajoute quelque chose à celle-ci comme à celle-là. On peut donc nommer d'une certaine manière physique la culture de l'âme aussi bien que celle du corps ».

Kant, *Réflexions sur l'éducation*, p. 109.

4.1. L'éducation du corps

Les analyses précédentes ont montré que l'éducation est quelque chose qui se construit, se développe et se détache du donné pour s'élever enfin à un degré supérieur. Kant ne donne aucune indication, aucune formule pédagogique, providentielle, destinée à résoudre le problème de l'éducation morale, le problème de l'Etat[136], évitant ainsi d'être dogmatique.

D'autre part, il ne milite pas non plus en faveur d'un échec fatidique de l'éducation humaine ; car, de par sa tendance profonde, l'individu humain ne se contente pas éternellement de ce qui est ; il est souvent conduit à dépasser les limites de l'individualité et à se représenter l'idéal de paix, d'éducation, de sagesse, facteurs essentiels du progrès humain, progrès moral des hommes, c'est-à-dire du règne de la raison : une législation universelle possible *a priori* par la fondation d'un caractère, fondation portant sur l'application et la connaissance d'un certain nombre de règles, de maximes, de prescriptions que l'enfant doit suivre au cours de son évolution. C'est sur cette éducation physique, éducation de la nature (prélude à

---

[136] Nous avons vu le lien combien étroit qui existe entre Politique et Education chez Kant, les problèmes qu'elles posent à l'humanité, notamment la réalisation de la fin suprême de l'Univers, à savoir la liberté morale, la foi en l'accord de la vertu et du souverain bien, enfin une réalisation dans un tout *cosmopolite*. Fichte qui a compris Kant, pose également le problème de l'Etat et de l'éducation de l'homme en des termes semblables, dans son sixième *Discours à la Nation allemande* : « Il est impossible, dit-il, d'édifier un Etat rationnel par des procédés artificiels, avec des matériaux quelconques, il faut que le peuple soit tout d'abord éduqué et préparé en vue de cet état. Seule pourra résoudre le problème de l'Etat parfait la nation qui, avant tout, aura résolu véritablement le problème de l'éducation de l'homme parfait », p. 144-145.

l'éducation morale) que se formera l'esprit et le jugement de l'enfant .Ainsi surgit dès le départ une interrogation sur la manière dont on doit conduire l'éducation : en effet, l'éducation peut-elle s'enseigner ou doit-elle suivre uniquement la nature ?

Kant distingue donc dans la pédagogie, science de l'éducation, « l'éducation *physique*, commune à l'homme et aux animaux »[137] ; elle consiste précisément dans le traitement ; ensuite, « l'éducation *pratique* ou *morale*, celle par laquelle l'homme doit être cultivé, afin qu'il puisse vivre comme un être agissant librement »[138]. Seulement la moralisation de l'homme, fin dernière de toute existence temporelle, nécessite avant tout l'éducation physique ; c'est-à-dire que l'on suive l'expérience et, « l'expérience est, sans aucun doute, le premier produit que notre entendement obtient (*hervorbringt*) en élaborant la matière brute des sensations. C'est précisément ce qui fait d'elle l'enseignement premier et tellement inépuisable en instructions nouvelles dans son développement, que dans toute la chaîne des âges les générations futures ne manqueront jamais de connaissances nouvelles à acquérir sur ce terrain »[139].

Kant recommandera donc au début de l'éducation, de suivre l'expérience. Il s'agit de l'éducation physique, c'est-à-dire de l'*éducation du corps* (première période de l'éducation humaine) qui consiste « en soins, donnés soit par les parents, soit par les nourrices, soit par les

[137] *Réflexions sur l'éducation*, p. 89.
[138] *Réflexions sur l'éducation*, p. 89.
[139] *Critique de la raison pure*, p. 31. Kant poursuit en disant dans la 2e édition « Que toute notre connaissance commence avec l'expérience, cela ne soulève aucun doute. En effet, par quoi notre pouvoir de connaître (Erkenn tnissvermögen) pourrait-il être éveillé et mis en action (Zur Ausübung erweckt), si ce n'est par des objets qui frappent nos sens... Ainsi, chronologiquement (der Zeit nach), aucune connaissance ne précède en nous l'expérience et c'est avec elle que toutes commencent », p. 31.

surveillantes Wärterinn »[140] ; vient ensuite un deuxième moment dans cette éducation physique, l'*éducation intellectuelle* ou « la culture de l'âme que d'une certaine manière on peut encore nommer physique »[141]. Le troisième moment qui correspond au développement de l'enfant, est l'éducation morale et religieuse. Seulement, il sera question d'examiner uniquement dans cette partie, l'*éducation du corps*, l'*éducation intellectuelle,* et la *culture* considérée comme partie positive de l'éducation (prélude à l'éducation morale.)

Dans l'éducation du corps, on ne cesserait de souligner l'influence énorme de Rousseau sur Kant, ainsi que les méditations de Locke sur de nombreux aspects[142]. Certes, chez Rousseau l'âge de la sensation précède toujours la réflexion, et chez Kant, du point de vue transcendantal, la pensée est première. Cependant Rousseau et Kant s'accordent pour mettre l'accent sur l'éducation de la nature, l'éducation des choses, c'est-à-dire qu'il est nécessaire de suivre la nature dans l'éducation de l'enfant[143], et de ne pas la compromettre. « D'une manière

---

[140] *Réflexions sur l'éducation*, p. 91.

[141] *Réflexions sur l'éducation*, p. 109.

[142] Nous commenterons abondamment ces différentes thèses dans ce chapitre.

[143] Suivre la nature ne veut pas dire abandonner l'enfant dans une quelconque forêt où il serait privé de tout, particulièrement d'un entourage affectif, indispensable pour son équilibre. Locke dit que « quiconque prend soin de l'éducation des enfants doit donc étudier avec soin leur nature et leurs aptitudes, reconnaître par de fréquentes expériences, leur tour d'esprit naturel et ce qui leur convient, observer enfin quel est leur fonds naturel, comment on peut l'accroître , et ce qu'ils sont capables de faire… Dans beaucoup de cas, en effet, tout ce que nous pouvons faire, tout ce que nous pouvons tenter, c'est de tirer le meilleur parti possible des dons de la nature, soit en prévenant les vices et les défauts auxquels est enclin tel ou tel tempérament, soit en développant les qualités qui lui sont naturelles ». *Quelques pensées sur li'éducation*, p. 77-78. II est vrai que l'on doit tirer les meilleures leçons possibles de la nature et non la suivre aveuglément ; Jacques Ulmann par exemple, a su résumer la thèse de Jean-Jacques Rousseau à propos de cette éducation de la nature, il dit en effet : « Un retour à la nature est évidemment souhaitable. Mais il faut bien préciser à quelles conditions il peut être désiré et espéré. II ne saurait être

générale dit Kant on doit observer que la première éducation doit être seulement négative, c'est-à-dire qu'on ne doit rien ajouter aux précautions prises par la nature et qu'il faut seulement ne pas troubler la nature »[144].

Les dispositions primitives de la nature ne doivent être ni détournées, ni contournées, ni corrigées. Les compromettre, les contrarier mettrait l'enfant dans l'incapacité de conduire sa volonté et son caractère, d'être soi-même, autonome, de sentir le monde, et, « celui qui n'a rien senti ne sait rien apprendre ; il ne fait que flotter d'erreur en erreur ; il n'acquiert qu'un vain savoir et de stériles connaissances, parce que le vrai rapport des choses à l'homme, qui est sa principale science, lui demeure toujours caché »[145]. L'intention de Kant et de Rousseau est d'annihiler les racines de la corruption du coeur et de l'âme. II faut éloigner ce qui est susceptible de décimer les potentialités physiques et intellectuelles de 1'enfant, et tout ce qui atrophierait son épanouissement naturel,

---

question de souhaiter retrouver un état primitif qui, au reste, n'a peut être jamais existé. Y parviendrions-nous, d'ailleurs, il nous fuirait aussitôt. II ne saurait être davantage question, dans les circonstances présentes, de retrouver une nature originaire : point besoin de la récupérer ; elle est en nous. Mais, en l'absence de certaines conditions de fait, elle ne peut se manifester, s'épanouir. L'extérieur la refoule à l'intérieur de nous-mêmes. II faut se rendre compte que, pour Rousseau, l'état de nature ne consiste pas dans un ensemble de comportements, dans un mode de vie, et pas davantage dans un retour ou un recours à l'intériorité. C'est une relation définie entre la nature humaine et son environnement » *De la gymnastique aux sports modernes. Histoire des doctrines de 1'éducation physique*, Paris, Vrin, 3e édition 1977, p. 200-201. Certes « nous parlons de suivre la nature, remarque Pierre Burgelin, en ce sens seulement que l'harmonie et l'appropriation de son éducation doivent se fonder sur l'état et les possibilités, à tout moment variables de *1'enfant.* La nature implique sa propre tendance selon une double polarité : l'état actuel du développement psycho-physiologique et l'idéal de sagesse. Le bonheur résulte à chaque instant du juste rapport entre ces deux termes ». *La philosophie de l'existence de Jean Jacques Rousseau*, Paris, Vrin, seconde édition 1973, p. 485.

[144] *Réflexions sur l'éducation*, p. 34.

[145] Rousseau, *Julie ou la nouvelle Héloïse*, Paris, G. Flammarion, 1984, p. 395.

l'enrichissement et le raffinement de toutes ses facultés. En effet, suivre la nature, c'est préparer l'enfant aux périls de la vie, aux incertitudes de l'éducation sociale.

II faut le laisser s'exprimer, exister en quelque sorte, faire usage de ses sens, de ses facultés. C'est le meilleur moyen de le préparer aux épreuves cruelles, aux passions funestes, aux calamités sociales, aux maux qui détruisent la volonté et les qualités naturelles de l'enfance ; et la seule éducation permise « est uniquement celle qui a pour but d'endurcir l'enfant »[146] dit Kant ; celle qui fortifie ses tendances de manière à les habituer à toutes les situations. Rousseau quant à lui dit : « Préparez de loin le règne de sa liberté et l'usage de ses forces, en laissant à son corps l'habitude naturelle, en le mettant en état d'être toujours maître de lui-même, et de faire en toute chose sa volonté, sitôt qu'il en aura une »[147]. En s'exprimant ainsi Rousseau ne fait qu'attirer l'attention de l'éducateur sur certaines dispositions préjudiciables au développement de la nature humaine : le refus de suivre les leçons de la nature, l'opiniâtreté destructrice et déplorable d'éloigner toute pédagogie des lois de la nature. L'enfant qui n'a point comme guide le livre de la nature, la lumière du soleil, le chant du coq, la saveur des fruits, sera transformé en homme civil[148], victime de la perversité humaine, de

---

[146] *Réflexions sur l'éducation*, p. 94. Cet enseignement s'inspire de l'*Emile*. Rousseau recommande de n'épargner l'enfant à aucune peine. Cassirer remarque à ce propos que « la thèse fondamentale de l'Emile est qu'il ne faut épargner à celui dont on veut conduire la volonté et le caractère à une autonomie aucune difficulté matérielle, aucune souffrance, aucun effort, aucune privation. La seule chose dont on doit soigneusement le protéger, c'est d'être contraint par la force de se plier à une volonté étrangère, ou d'obéir à un ordre dont il ne comprend pas la nécessité. II lui faut dès sa prime enfance se heurter à la contrainte qu'imposent les *choses* et apprendre à s'y plier. », *Revue de Métaphysique et de Morale,* Juillet-Septembre 1986, p.405»

[147] *Emile ou de l'éducation*, Liv. I, p. 71.

[148] « Toute notre sagesse consiste en préjugés serviles, tous nos usages ne sont qu'assujettissement, gêne et contrainte. L'homme civil naît, vit et meurt dans l'esclavage : à sa naissance on le coud dans un maillot ; à sa mort on le cloue

l'orgueil, de l'amour propre, de cette fausse moralité corruptrice et désastreuse pour l'être raisonnable. L'éducation de la nature conduit donc à l'affranchissement des besoins éternels, des intérêts, des luttes d'influences, de l'ambition, du luxe, des passions incontrôlées. A ce propos dit Rousseau :

> « Observez la nature, et suivez la route qu'elle vous trace. Elle exerce continuellement les enfants ; elle endurcit leur tempérament par des épreuves de toute espèce ; elle leur apprend de bonne heure ce que c'est que peine et douleur. Les dents qui percent leur donnent la fièvre ; des coliques aiguës leur donnent des convulsions ; de longues toux les suffoquent ; les vers les tourmentent ; la pléthore corrompt leur sang ; des levains divers y fermentent, et causent des éruptions périlleuses. Presque tout le premier âge est maladie et danger : La moitié des enfants qui naissent périt avant la huitième année. Les épreuves faites, l'enfant a gagné des forces ; et sitôt qu'il peut user de la vie, le principe en devient plus assuré... Voilà la règle de la nature. Pourquoi la contrariez-vous ? Ne voyez-vous pas qu'en pensant la corriger, vous détruisez son ouvrage, vous empêchez l'effet de ses soins ? Faire au dehors ce qu'elle fait au dedans, c'est, selon vous, redoubler le danger ; et au contraire c'est y faire diversion, c'est l'exténuer... Exercez-les donc aux atteintes qu'ils auront à supporter un jour. Endurcissez leurs corps aux intempéries des saisons, des climats, des éléments, à la faim, à la fatigue »[149].

---

dans une bière ; tant qu'il garde la figure humaine, il est enchaîné par nos institutions », *Emile ou de l'éducation*, p. 43.

[149] *Emile ou de l'éducation*, p. 49. Montaigne déclare par exemple : « Endurcissez-le à la sueur et au froid, au vent, au soleil et aux hasards qu'il lui faut mépriser ; ôtez-lui toute molesse et délicatesse au vêtir et coucher, au manger et au boire ; accoutumez-le à tout. Que ce ne soit pas un beau garçon

L'endurance, la sévérité, l'épreuve douloureuse, c'est cela l'éducation de la nature. Le corps doit supporter ces moments pénibles, « il faut écarter les maillots » dit Kant ; cela empêche l'enfant de se sentir libre, et cela le déforme, modifie la constitution physique. Il ne faut pas non plus bercer les enfants[150], ni les balancer à gauche et à droite, même chez les adultes, remarque-t-il, cette forme de jeu éducatif étourdit et suscite l'envie de vomir. Pourquoi proposer ce genre d'exercice tant l'utilité est nulle. L'éducation appropriée est celle de la nature ; elle prépare à la société, elle donne des forces nécessaires dès le jeune âge pour affronter les tourments de l'existence ; « il faut que les enfants soient endurcis à toutes les souffrances, surtout à celles du corps »[151] observe Locke ; « il est plus sage de confier les enfants à la seule conduite de la nature »[152]. En effet :

> « Laissons à la nature le soin de former le corps comme elle croit devoir le faire. Elle travaille spontanément beaucoup mieux, avec beaucoup plus d'art, que nous ne pourrions faire nous-mêmes si nous prétendions la diriger. Et si les femmes avaient le pouvoir de façonner dans leur sein le corps de leurs enfants, de même qu'elles s'efforcent souvent de refaire leur taille quand ils sont nés, il y aurait certainement aussi peu de nouveau-nés bien formés qu'il y a beaucoup d'enfants contrefaits pour avoir été trop

---

et dameret, mais un garçon vert et vigoureux ». *Essais*, I, *De l'institution des enfants*, Liv. I, Chap.XXVI, Paris, Gallimard, 1983, p. 243.

150 Rousseau interdit l'usage du berceau qui entraverait éventuellement l'ouvrage de la nature. Il s'exprime ainsi dans une note de l'*Emile* : « Je dis un berceau, pour employer un mot usité, faute d'autre ; car d'ailleurs je suis persuadé qu'il n'est jamais nécessaire de bercer les enfants, et que cet usage leur est souvent pernicieux », p. 67.

151 Locke, *Quelques pensées sur l'éducation*, p. 149.

152 *Ibid.*, p. 51.

> étroitement lacés, ou pour avoir pris trop de remèdes. Cette considération, ce semble, devrait empêcher beaucoup de gens (je ne parle pas de nourrices ignorantes ni des faiseurs de corsets) de se mêler d'une affaire qu'ils n'entendent point ; ils devraient craindre de détourner la nature de ses voies, en essayant de façonner eux-mêmes les membres et les organes, alors qu'ils ne savent seulement pas comment est faite la plus petite, la plus simple partie du corps. Et cependant j'ai vu en si grand nombre des exemples d'enfants auxquels on avait fait beaucoup de mal pour les avoir trop serrés dans leurs vêtements, que je ne puis m'empêcher de conclure qu'il y a d'autres créatures que les singes, qui, avec aussi peu de sagesse, font périr leurs enfants par une tendresse aveugle et en les embrassant trop »[153].

Pour l'être raisonnable fini, qui bute dans la connaissance des devoirs, le traitement de la nature est sans doute la meilleure médecine capable de déraciner les germes de la corruption, de repenser l'éducation humaine, d'extirper les passions, la séduction, la convoitise. Rousseau finit par observer que « le sort de l'homme est de souffrir dans tous les temps. Le soin même de sa conservation est attaché à la peine. Heureux de ne connaître dans son enfance que les maux physiques, maux bien moins cruels, bien moins douloureux que les autres, et qui bien plus rarement qu'eux nous font renoncer à la vie ! On ne se tue point pour les douleurs de la goutte ; il n'y a guère que celles de l'âme qui produisent le désespoir. Nous plaignons le sort de l'enfance, et c'est le nôtre qu'il faudrait plaindre. Nos plus grands maux nous viennent de nous »[154]. Donc l'humanité en quête des fins supérieures, doit au préalable s'appuyer sur l'éducation de la nature,

---

[153] *Ibid*, p. 36-37.
[154] *Emile ou de l'éducation*, p. 50.

condition essentielle du développement dans une juste proportion de ses dispositions naturelles.

Mais l'austérité de l'éducation physique commande également de ne pas céder aux caprices des enfants, aux cris et aux pleurs sans au préalable déterminer ce qui les agace, (gêne) et déclenche une colère chez eux. Certes, « on peut dire avec vérité que les enfants des gens du commun sont beaucoup plus mal élevés que les enfants des personnes de qualité. En effet les gens du commun jouent avec leurs enfants comme avec des singes. Ils chantent devant eux, les pressent sur leur cœur, les embrassent et dansent avec eux. Ils s'imaginent faire quelque chose de bon pour l'enfant en courant à lui et en jouant avec lui dès qu'il crie. Mais les enfants crient alors plus souvent »[155]. En vérité, « en naissant un enfant crie ; sa première enfance se passe à pleurer. Tantôt on l'agite, on le flatte pour l'apaiser ; tantôt on le menace, on le bat pour le faire taire. Ou nous faisons ce qu'il nous plaît ; ou nous nous soumettons à ses fantaisies, ou nous le soumettons aux nôtres : point de milieu, il faut qu'il donne des ordres ou qu'il en reçoive. Ainsi ses premières idées sont celles d'empire et de servitude »[156]. Ce despotisme précoce, originel, souvent déterminant dans l'évolution de l'enfant, a fait l'objet d'une analyse profonde chez Locke qui déclare en substance : « Nous voyons que les enfants, presque aussitôt qu'ils sont nés, ou tout au moins bien avant qu'ils sachent parler, poussent des cris, deviennent bourrus, boudeurs, témoignent de la mauvaise humeur, pour cette unique raison qu'ils veulent que leurs volontés soient satisfaites. Il faut que tout le monde se soumette à leurs désirs. Ils exigent une condescendance empressée de tous ceux qui les approchent, particulièrement de ceux qui sont à peu près du même âge ou de la même condition

[155] *Réflexions sur l'éducation*, p. 95-96.
[156] *Emile ou de l'éducation*, p. 50.

qu'eux, ou qu'ils jugent être leurs inférieurs sur ces deux points, dès qu'ils sont capables de faire ces distinctions à propos des autres personnes »[157]. L'erreur c'est de répondre au cri de l'enfant ; satisfaire ses exigences, c'est le pousser à s'offrir le plaisir de répéter les cris indéfiniment, convaincu de la fidélité affective de ceux qui l'entourent.

C'est ainsi que naît la première corruption de l'enfant, « or la première corruption consiste à céder à la volonté despotique de l'enfant, de telle sorte qu'il peut tout obtenir par ses cris »[158]. Le secours permanent, l'aide quotidienne, l'hypocrite affection, nuisent, constituent une entrave à l'éclosion naturelle de l'enfant, à son épanouissement et surtout à l'indépendance de ses forces.

L'enfant qui n'a pas été éduqué selon les prescriptions de la nature, vit au milieu des besoins, des passions, de la dépendance. Pour le délivrer de l'étranglement du vice, « il faudra appliquer de très dures punitions »[159] ; d'autre part dit Locke, « c'est par la sévérité qu'il faut imposer silence aux enfants, quand ils pleurent par obstination ; et lorsqu'un regard, un ordre formel, ne suffit pas pour les apaiser, il faut recourir aux châtiments corporels »[160]. Les habitudes doivent être maîtrisées dès le jeune âge afin d'éviter diverses soumissions, les jouissances morbides, inconsidérées, les inclinations sauvages, une déchéance éternelle. L'habitude une fois acquise, compromet l'exercice normal, régulier des facultés et, « la seule habitude qu'on doit laisser prendre à l'enfant dit Rousseau est de n'en contracter aucune »[161]; par exemple

[157] *Quelques pensées sur l'éducation*, p. 137.
[158] *Réflexions sur l'éducation*, p. 97.
[159] *Réflexions sur l'éducation*, p. 96.
[160] *Quelques pensées but l'éducation*, p. 150.
[161] *Emile ou de l'éducation*, p. 71. Sur ce point qui concerne les habitudes à faire prendre aux enfants, Locke semble nuancer son appréciation. « Mais laissez-moi vous avertir d'une précaution à prendre : 1° ayez soin d'abord de former les enfants aux habitudes que vous voulez leur donner, par d'insinuantes paroles et de douces exhortations, comme si vous vouliez

l'accoutumance de l'enfant à certaines inclinations, notamment l'excessive tendresse maternelle, « toutes ses aises ». L'enfant qui n'a rien obtenu à force de cris et qui a grandi dans l'univers des peines, de patience, de

---

simplement leur rappeler quelque chose qu'ils oublieraient ; plutôt que par de sévères réprimandes, par des gronderies, comme s'ils étaient volontairement coupables de leur oubli ; 2° une autre précaution à prendre, c'est de ne pas essayer de leur faire prendre plusieurs habitudes à la fois ; sans cela, par la diversité des choses, vous brouillerez leur esprit et vous n'arriverez à rien. C'est seulement quand une habitude constante leur a rendu quelque action facile et naturelle, et qu'ils la font sans réflexion, qu'il convient de passer à l'éducation d'une autre habitude". *O.C.*, p. 76-77. Nous voyons donc une position assez prudente et moins dure que celle de Rousseau et Kant pour lesquels l'habitude est une tendance qui affaiblit et compromet la liberté de l'esprit. « Plus un homme possède d'habitudes, d'autant moins est-il libre et indépendant. Il en va pour l'homme comme pour les autres animaux ; lorsqu'il est de bonne heure habitué à quelque chose, il y conserve par la suite une certaine tendance. Il faut ainsi empêcher que l'enfant s'habitue à quelque chose ; il ne faut laisser se créer aucune habitude chez lui ». *Réflexions sur l'éducation*, p. 100. La question fondamentale posée par Rousseau et Kant, en des termes semblables, concerne l'habitude non pas en tant que contrainte, mais précisément en tant que nature, comparable à la pure animalité : « *L'habitude* (assuetudo) est une certaine contrainte physique et interne, qui incline à se conduire de la même façon que par le passé. Elle enlève même aux bonnes actions leur valeur morale, parce qu'elle porte préjudice à la liberté de l'esprit, et provoque de plus une répétition du même acte dépourvue de toute pensée (monotonie)... Si l'habitude chez autrui provoque en nous de l'aversion, c'est qu'elle laisse trop apparaître en lui l'animal, et que la règle de l'habitude, exactement comme une autre nature (non humaine), le guide à la manière de l'instinct, le mettant en danger de passer dans la catégorie des bêtes » *Anthropologie*, p. 33. Toutefois, Kant qui a au cours de sa vie été rigoureux de la régularité de certaines habitudes, (comme le remarque R.B. Jachmann : « Les jours où il avait un cours à l'université il commençait dès sept heures trois quarts à tourner dans sa chambre. À huit heures moins dix il mettait son chapeau sur sa tête, à huit heures moins cinq, il prenait sa canne, et lorsque le premier coup de huit heures sonnait aux églises, il ouvrait la porte de sa voiture, si bien qu'il servait véritablement d'horloge à tous les habitants du quartier » *Kant intime*, textes traduits de l'allemand par Jean Mistler, Paris, Grasset, 1985, p. 39), penche plutôt vers une organisation harmonieuse de la vie : « Pourtant, certaines habitudes peuvent être contractées et mises en place intentionnellement, quand la nature refuse son aide à la libre volonté ; par exemple, l'âge venant, on peut s'habituer à l'heure des repas, à leur qualité et quantité de même pour le sommeil ; aussi on se mécanise graduellement ; mais ceci ne vaut qu'à titre d'exception et en cas de nécessité. En règle générale, toute habitude est condamnable », *Anthropologie*, p. 33-34.

privations, et de résistance, ne connaîtra d'autre existence, d'autre bonheur que la joie de la libération des entraves et des contradictions de la société humaine.

L'éducation du corps nécessite donc en son essence et en sa totalité, l'adapation et la conformation des tendances originaires de l'homme aux prescriptions de la nature. Cette éducation préliminaire, quoique "négative", établit mieux les rapports naturels entre l'homme et les choses ; elle s'emploie à corriger leurs relations et à leur assurer l'équilibre nécessaire. Seulement « la nature aime à se cacher »[162] dit Héraclite, et il est souvent difficile dans certaines situations de la suivre, de mener une vie conforme aux exigences de la nature. Alors l'éducation consistera donc dans l'accord de l'être avec son milieu, dans l'accord avec lui-même, c'est-à-dire un accord possible par la connaissance de la nature, par l'instruction des choses.

4.2. L'éducation intellectuelle

Dans l'éducation intellectuelle, nous nous acheminons vers l'une des étapes les plus importantes, il est vrai, du développement de l'enfant. Il s'agit de la culture de l'âme nommée également physique, portant sur l'éducation de l'esprit et du corps, précisément sur la culture de la nature intime, culture physique de l'esprit qui a pour but de détruire les germes de la corruption du coeur, des impulsions anarchiques du moi et des transports irréfléchis. « L'éducation intellectuelle ne se définit pas par l'accumulation des connaissances, mais par la formation de l'esprit qui doit progressivement acquérir les moyens de penser par lui-même »[163].

---

[162] Yves Battistini, *Trois présocratiques*, Héraclite, Parménide, Empédocle, Paris, Gallimard, 1968, p. 48.
[163] Jean Ferrari, *op. cit.,* p. 202.

Elle est en effet différente de la culture morale qui concerne la liberté et qui touche particulièrement ce qui est pratique, qui n'entretient aucun commerce avec les sens et les plaisirs. Elle vise plutôt l'acquisition des moyens nécessaires pour la prise en charge de soi, et d'un savoir faire indispensable pour vivre en société. La culture physique de l'esprit se divise en culture libre qui a trait à l'univers du jeu, nécessaire dans l'éducation de l'enfant, et en culture scolaire qui a comme finalité le travail.

La culture libre est jeu. L'élève est amené individuellement, selon ses besoins, sa sensibilité, à concevoir quelque activité susceptible de l'occuper, de l'égayer, de le distraire et de le conduire vers le dépassement de soi. Il faut donc créer des loisirs (détente), moments consacrés aux jeux de tout genre. Ainsi remarque Pinloche dans son livre sur Basedow : « L'enfant jouera beaucoup, mais ses jeux devront en même temps servir à exercer son intelligence et à faciliter ses études. "Il importe", dit l'auteur, "de ne pas restreindre la liberté de jouer chez les enfants, mais il faut faire en sorte qu'ils ne choisissent presque jamais d'autres jeux que ceux auxquels vous voulez les exciter, c'est-à-dire des jeux *utiles*, qui favorisent le développement des facultés physiques et intellectuelles, la mémoire de certaines choses nécessaires plus tard, et la pratique future des vertus". En d'autres termes, aux yeux de Basedow, le jeu fait partie de l'instruction proprement dite »[164] ; que l'enfant joue à la balle, qu'il courre, qu'il saute, qu'il excelle dans n'importe quelle activité qui lui procure contentement, satisfaction, ce qui est fondamental, c'est la manière dont l'esprit s'éveille, se fortifie et s'éloigne progressivement de sa nature empirique.

---

[164] Pinloche, *op. cit.* pp. 219-220.

Cela est déterminant pour l'imagination, pour les facultés naturelles, pour l'entendement et principalement pour la culture de la raison :

> « Les enfants qui jouent à la balle, à la lutte, à la course, aux soldats, l'homme plus tard qui joue aux échecs et aux cartes (là on se propose l'exercice du pur privilège de l'entendement, ici un simple gain), le citoyen enfin qui dans des sociétés publiques tente sa chance au faro ou aux dés, sont sans le savoir aiguillonnés par la nature, qui, dans sa plus grande sagesse, les incite à risquer leurs forces dans la rivalité d'un combat : afin que l'énergie vitale, en général, soit protégée contre l'épuisement et maintenue en état d'excitation. Deux personnes qui luttent ainsi croient jouer l'une avec l'autre ; en fait, c'est la nature qui joue avec elles »[165].

Une indication semble naître, se préciser suivant la règle des fins en quelque sorte, une indication qui invite à considérer le jeu comme une nécessité naturelle obéissant à un principe de détermination supérieur.

A travers le jeu, c'est la nature souveraine qui est en question, « dans le monde rien n'est vain ; et l'exemple donné par la nature dans ses productions organiques nous autorise, nous enjoint même de ne rien attendre d'elle-même et de ses lois, que ce qui est final dans l'ensemble »[166]. Le jeu constitue en soi véritablement une finalité qui rend compte de l'organisation harmonieuse, téléologique et architectonique du monde. Le jeu est non seulement évasion, gaieté, divertissement, détente, il est aussi occupation et travail : « l'homme, en effet a besoin d'occupations et mêmes de celles qui impliquent une

---

[165] *Anthropologie*, p. 126.
[166] *Critique de la faculté de juger*, p. 197.

certaine contrainte »[167]. La dimension humaine et pratique du jeu est évidente : le jeu entendu d'abord comme occupation, par la suite érigé en travail, faisant ainsi obstacle à la naissance de l'ennui[168] ; sa réelle signification sans doute est celle dont nous trouvons l'expression concrète dans le travail.

L'éducation intellectuelle doit donc s'appuyer sur le jeu et atteindre le développement des dispositions naturelles : principe apparemment anodin, mais significatif du point de vue téléologique. II s'agit plus du jeu comme production de finalité ou finalité pure, de la véritable intention de la nature qui travaille à la transcendance de l'être, que d'un simple divertissement, d'une occupation aux plaisirs. Le travail, expression selon Kant de la culture scolaire, est un penchant que l'on doit nécessairement développer chez l'enfant ; par conséquent « l'école est une culture par contrainte »[169], en ce qu'elle consiste à inculquer des connaissances, des principes destinés à l'acquisition d'un savoir, des dispositions pour affronter les interrogations de la vie humaine.

En introduisant la notion de travail dans l'éducation, Kant pose le problème fondamental de l'humanité et de la raison en ses dimensions ontologique et historique. Le travail est l'acte par lequel l'homme comprend le devenir du monde et son propre devenir, découvre l'universalité en lui, le poids du monde, poids des responsabilités, poids de l'autonomie de la conscience, et la fuite hors de la nature animale.

Le travail suppose la relation à autrui, la reconnaissance de soi-même à partir d'autrui. Il forme l'homme et le monde ; et, en tant qu'activité humaine pratique, créatrice,

---

[167] *Réflexions sur l'éducation*, p. 110.

[168] « C'est, je crois, dit Locke, une vérité banale que les enfants en général n'aiment pas à rester inactifs. Il s'agit donc seulement d'employer leur activité à quelque chose qui leur soit utile ». *Quelques pensées sur l'éducation*, p. 174.

[169] *Réflexions sur l'éducation*, p. 111.

le travail donne une signification particulière à l'homme, lui permet de transformer la matière, de conquérir ce qui est et de se libérer de l'attitude contemplative. « L'homme étant à la fois noumène en tant qu'être moral et phénomène en tant qu'être sensible, Kant satisfait à une extrême logique quand il cherche à réconcilier la nature et la liberté non seulement dans la morale et dans l'art, mais aussi dans l'histoire. C'est elle qui assure le passage de la nature à la culture, c'est elle qui fait passer l'homme de l'esclavage de la nécessité à l'état de liberté. Cette liberté est une conquête de la *praxis,* c'est-à-dire de l'activité humaine créatrice »[170].

La pédagogie kantienne accorde une importance capitale à la dimension humaine et pratique du travail, au primat de la *praxis*, primat qu'il faut comprendre dans le contexte précis de l'intention de la nature et de ses desseins supérieurs. La notion de travail que l'on tente de communiquer à la jeunesse vise à conduire celle-ci à la liberté et à sa totale moralisation. Cela n'est pas d'ailleurs éloigné de la philosophie de la *praxis* de Karl Marx[171] ou

---

[170] Henri Arvon, *La philosophie du travail*, Paris, P.U.F., 5e Edition 1979, p. 24.

[171] Merleau Ponty commente avec lucidité dans son cours inaugural au Collège de France l'intuition centrale du jeune Marx et la méditation qui orientera son idéal politique, ses angoisses, son existence, voire son "militantisme" légendaire. Marx, comme ses prédécesseurs (Rousseau, Kierkegaard, etc) s'insurge contre les systèmes philosophiques qui ont la prétention d'épuiser toutes les ressources du réel, sombrant alors dans le dogmatisme, l'idéologie et la spéculation. Grâce à la dialectique, il va découvrir la « rationalité historique immanente à la vie des hommes » et s'intéresser à la notion du travail, précisément à la *praxis*. « La nouveauté de Marx comme critique de Hegel n'a donc pas été de mettre dans la productivité humaine le moteur de l'histoire et de traiter la philosophie comme un reflet de son mouvement, mais de dénoncer la ruse par laquelle le philosophe glissait dans l'histoire le système pour l'y retrouver ensuite et réaffirmait sa toute puissance au moment où il paraissait y renoncer. Le privilège même de la philosophie spéculative, la prétention de l'existence philosophique, comme disait le jeune Marx, elle est elle-même un fait historique, elle n'est pas l'acte de naissance de l'histoire. L'histoire n'est plus seulement pour lui l'ordre du

de la philosophie de « la conscience de soi » de Hegel, ou du sens de « l'histoire et son accélération » de Gaston Berger, de la mobilité des masses, de la signification des événements. Il est vrai que la destination humaine chez Marx dépend dans une large mesure du traitement (manipulation) des catégories économiques, à l'opposé de Kant faisant appel à l'*Impératif catégorique* (nécessaire pour l'accomplissement de l'homme) et de Hegel sollicitant l'élévation de la conscience empirique au *Savoir absolu* ; seulement si l'on reconnaît que l'unité s'éprouve dans la contradiction, à travers les conflits, les luttes, les ruses de l'histoire, le marxisme ne peut indéfiniment s'installer dans l'indifférentisme à l'égard de la théorie ; sa vocation n'est pas seulement matérialiste, elle est fondamentalement axiologique, car l'abolition définitive de la propriété privée (idée centrale de cette doctrine) vise essentiellement à restaurer l'homme, l'humanité en l'homme, l'humanité de l'homme total : « *Le communisme* en tant que dépassement *positif* de la *propriété privée*, donc de *l'auto-aliénation humaine* et par conséquent en tant qu'appropriation réelle de l'essence humaine par l'homme et pour l'homme ; c'est le retour total de l'homme à soi en tant qu'homme social, c'est-à-dire humain, retour conscient, accompli dans toute la richesse du développement antérieur »[172].

Fonder l'homme, fonder le caractère de l'homme, n'est pas un fait fortuit, ou encore, quelque chose que l'on recevrait d'une nature supérieure quelconque ; cela est une

---

fait ou du réel auquel la philosophie viendrait conférer, avec la rationalité, le droit à l'existence, elle est le milieu où se forme tout sens et en particulier le sens conceptuel ou philosophique dans ce qu'il a de légitime. Ce que Marx appella *praxis*, c'est ce sens qui se dessine spontanément dans l'entrecroisement des actions par lesquelles l'homme organise ses rapports avec la nature et avec les autres », *Eloge de la philospphie*, Paris, Gallimard, 1983, pp. 58-59.

[172] Karl Marx, *0.C.*, p. 79.

conquête de l'éducation humaine, de l'évolution des mœurs, du progrès de l'esprit humain, de la culture, notamment la culture scolaire et la culture libre (connaissance du travail, instruction par le jeu, formation de l'habileté) ; enfin la culture pratique portant sur la pénétration de l'idée du Devoir, idée du Respect, idée du Bien.

Dans le travail, c'est l'homme dans tout ce qu'il a de complexe qui se forme et accède progressivement à la maturité, ainsi que ses facultés de connaissance. D'ailleurs Kant est conscient du rôle éminent qu'elles jouent dans le développement de l'individu. Les facultés de l'esprit, principalement les facultés inférieures doivent être cultivées en relation avec les autres, « les facultés inférieures n'ont, considérées en elles-mêmes, aucune valeur ainsi par exemple un homme qui possède beaucoup de mémoire, mais qui n'a aucune faculté de juger »[173].

---

[173] *Réflexions sur l'éducation*, p. 112. « La mémoire diffère, dit Kant, de l'imagination purement reproductrice en ce qu'elle a le pouvoir de reproduire volontairement la représentation antérieure : l'esprit par conséquent n'est pas un simple jouet. La fantasmagorie, c'est-à-dire l'imagination créatrice, ne peut s'y mêler car alors la mémoire serait infidèle. *Mettre* quelque chose dans sa mémoire, y *penser* sans difficulté, la *conserver* longtemps sont les perfections formelles de la mémoire », *Anthropologie*, p. 58. La culture de la mémoire sera nécessaire particulièrement pour les langues « qu'on peut apprendre soit par une mémorisation formelle, soit par le commerce avec les hommes », *Réflexions sur l'éducation,* p. 113 ; elle le sera aussi pour l'étude de l'histoire et de la géographie, enseignement pour le dernier qui nécessite de la mémorisation. « Cette mémorisation peut être de l'ordre de la mécanique, de l'ingéniosité ou du jugement. La première repose sur une répétition fréquente et mot à mot... La mémorisation qui repose sur l'ingéniosité est une méthode pour imprimer dans la mémoire certaines représentations en les associant avec d'autres qui sont adjacentes... La mémorisation à l'aide du jugement est dans l'ordre des pensées, le tableau *analytique* d'un système (par exemple celui de Linné) ; si on devait oublier quelque chose, on pourrait le retrouver par le décompte des éléments que l'on a retenus ». *Anthropologie*, p. 58-59. Toutefois, pour Kant, la culture de la mémoire doit être entreprise en vue de la compréhension et de la connaissance des choses qui représentent un intérêt réel, fondamental pour l'humanité : « On ne doit occuper la mémoire qu'avec

L'imagination (faculté médiatrice) sera cultivée au profit de l'entendement, « connaissance de l'universel »[174] .La formation du jugement (et également l'acquisition du savoir), constitue en soi la finalité, sinon l'essentiel de l'éducation en général. Elle rend compte de l'homme tout entier, l'homme qui est maître de ses facultés et qui domine ses penchants. Cultiver donc les facultés en relation avec les autres, revient à privilégier la discipline de la raison humaine, à reconnaître la clarté de la critique, l'ordre nécessaire, la régularité, l'équilibre et l'harmonie des facultés de l'esprit. Par exemple :

> « Notre nature est ainsi faite que l'*intuition* ne peut jamais être que sensible, c'est-à-dire ne contient que la manière dont nous sommes affectés par des objets, tandis que le pouvoir de *penser* l'objet de l'intuition sensible est l'*entendement*. Aucune de ces deux propriétés n'est préférable à l'autre. Sans la sensibilité nul ne serait pensé. Des pensées sans contenu (*inhalt*) sont vides, des intuitions sans concepts aveugles. II est donc nécessaire de rendre ses concepts sensibles (c'est-à-dire d'y ajouter l'objet dans l'intuition) que de se faire intelligibles ses intuitions (c'est-à-dire de les soumettre à des concepts). Ces deux pouvoirs ou capacités ne peuvent pas échanger leurs fonctions. L'entendement ne peut rien intuitionner, ni les sens rien penser. De leur union seule peut sortir la connaissance. Cela n'autorise cependant pas à confondre leurs attributions ; c'est, au contraire, une grande raison pour les séparer et les distinguer soigneusement l'un de l'autre »[175].

---

les choses dont nous avons un intérêt à conserver et qui possèdent une relation à la vie réelle », *Réflexions sur l'éducation*, p. 114.

[174] *Réflexions sur l'éducation*, p. 113.

[175] *Critique de la raison pure*, p.77.

Toutes les facultés ont des fonctions précises, la nature ne produit rien sans incidences sur l'être quel qu'il soit. Kant, fort des leçons de la nature, préconise dans l'éducation intellectuelle, une éducation des facultés hiérarchisée, rigoureuse, respectueuse de l'ordre de la nature, l'ordre de choses, l'ordre téléologique. Cette éducation ordonnée, vise essentiellement le perfectionnement des facultés intellectuelles, la culture des sens, culture des Idées.

Elle assure à l'être raisonnable qui se propose des fins (les fins dernières, morales) la garantie de l'élévation spirituelle, garantie de la découverte de la *liberté intérieure*, l'unique source d'un contentement (*zufriedenheit*) immuable[176]; et :

> « de toutes les fins que l'homme peut se proposer dans la nature il ne reste donc que la condition formelle, subjective, je veux dire l'aptitude à se proposer en général des fins et (en ne dépendant pas de la nature dans sa détermination finale) à utiliser la nature comme moyen, conformément aux maximes de ses libres fins en général ; la nature, en vue de cette fin dernière, qui lui est extérieure, peut s'y prêter et cela peut alors être considéré comme sa fin dernière propre. Produire dans un être raisonnable l'aptitude générale aux fins qui lui plaisent (par conséquent dans sa liberté) est la *culture* »[177].

Ainsi pour former le goût, prétendre ou réaliser la communicabilité universelle, déterminer ses fins propres par la raison, il faut au préalable un développement d'idées morales et précisément la culture du sentiment moral. La culture, ensemble des moyens par lesquels l'art oriente les

---

[176] *Critique de la raison pratique*, p.127.
[177] *Critique de la faculté de juger*, p. 241.

dispositions naturelles vers la liberté se propose des fins essentiellement technniques et pragmatiques.

4.3. La culture

Ce que nous allons examiner à présent, concerne le point culminant de l'éducation physique, dominée comme on le sait, par l'exposition et l'application d'un certain nombre de règles, de préceptes, des dispositions naturelles essentielles au développement de l'enfant. L'éducation physique avait comme tâche de conformer les tendances primitives de l'enfance aux prescriptions de la nature, au point d'ailleurs d'être considérée comme négative. L'éducation de la nature, étape décisive, nous a d'autre part permis d'aborder en partie la question de la formation de la culture de l'âme ; question fondamentale dans la mesure où elle pose le problème de l'éducation des sens, et particulièrement de l'éducation du goût, de l'ensemble des dispositions pragmatiques et techniques, propédeutiques à l'accès dans l'âme humaine des lois morales.

Toutefois l'examen de la culture, précisément de la culture du jugement et de la culture morale, va porter sur l'activité de l'élève, sur ses capacités de discernement, de lucidité, de responsabilité, véritablement nécessaires en ce qui concerne la loi morale, l'obéissance à la loi uniquement par respect pour elle. Ainsi « l'éducation physique se distingue donc en ceci de l'éducation morale : la première est passivité pour l'élève, la seconde s'appuie sur son activité. II doit toujours apercevoir le principe de l'action et comment elle se déduit des concepts du devoir »[178]. En effet, « dans l'oeuvre de l'éducation morale, il conviendrait donc de procéder de la sorte ; d'abord provoquer pour toutes les actions que le sujet accomplit ou qu'il voit accomplir autour de lui l'exercice de son

---

[178] *Réflexions sur l'éducation*, p. 117.

jugement moral, de façon à le faire discerner si elles sont objectivement conformes à la loi, et à quelle espèce de devoirs elles se rapportent ; ensuite l'inviter à examiner si les actions sont aussi subjectivement d'accord avec la loi, c'est-à-dire si elles ne sont pas seulement de fait moralement correctes, mais encore d'intention moralement bonnes »[179]. Par conséquent, tout laisse croire qu'il ne s'agira pas pour le moment de dégager les principes qui fondent la moralité de tel ou tel être raisonnable, mais d'indiquer seulement les conditions de leur application et de leur exécution, dispositions devant conduire à surpasser toute mesure des sens, toute dépendance vis-à-vis de la nature et des biens terrestres, à affirmer sa faculté de juger et son infinité en tant qu'être moral, supra-sensible, au-dessus de l'animalité.

L'homme cultivé ne saurait trouver les fins essentielles dans la nature, puisqu'il se considère au-dessus des données empiriques ; et grâce au sentiment du sublime, il est apte au sens de l'humain, à la vision de l'Infini et à la communicabilité universelle des sentiments[180]. Cela exige donc pour lui « une culture de beaucoup plus développée non seulement du jugement esthétique, mais aussi des facultés de connaître sur lesquelles il se fonde »[181]. En définitive, « … sans développement des Idées éthiques, ce que, préparés par la culture, nous nommons sublime ne paraîtra qu'effrayant à l'homme inculte »[182].

Une éducation de la raison (culture morale) est donc nécessaire pour juger d'après la loi morale, pour affirmer l'intelligibilité du moi humain, de cette tendance profonde à surmonter la nature, à juger du sublime : l'homme sans éducation morale, c'est-à-dire sans culture véritable, serait

---

179 V. Delbos, *La philosophie pratique de Kant*, p. 406-407.
180 *Critique de la faculté de juger*, p. 129.
181 *Critique du jugement*, p. 91-92.
182 *Critique de la faculté de puger*, p.102.

incapable de développer ses dons, de concevoir le sublime, de contribuer au bonheur d'autrui, de permettre l'accomplissement et le développement de l'humanité comme fin en soi :

> « C'est en cela que se fonde donc la nécessité de l'accord du jugement d'autrui sur le sublime avec le nôtre, et nous la comprenons en même temps dans le nôtre. En effet, de même que dans le jugement d'un objet de la nature, que nous trouvons beau, nous reprochons à celui qui est indifférent un manque de *goût*, de même nous disons de celui qui reste sans réaction "*unbewegt*" devant ce que nous jugeons sublime qu'il n'a aucun *sentiment*. Or nous exigeons ces deux facultés en tout homme et nous les supposons chez un homme qui possède quelque culture ; avec cette différence toutefois que nous exigeons strictement la première qualité, puisqu'en ceci la faculté de juger ne fait que rapporter l'imagination à l'entendement comme faculté des concepts, tandis que nous exigeons la seconde qualité, puisque l'imagination y est rapportée à la raison comme faculté des Idées, seulement selon une présupposition subjective (que nous nous croyons autorisés à admettre de chacun), qui est celle du sentiment moral en l'homme et par là nous attribuons la nécessité à ce jugement esthétique »[183].

Esthétique et Morale sont ainsi liées comme le témoigne la *Méthodologie* qui sert finalement de conclusion à la *Critique du jugement esthétique*. En effet, pour juger du beau ou du sublime, il faut au préalable avoir du goût et faire preuve de sentiment, une disposition intérieure naturelle qui fait appel à l'exercice des Idées morales et à la culture du sentiment moral. En tout état de

---

[183] *Critique de la faculté de juger*, p. 103.

cause, la culture, le progrès, l'histoire, ont pour conséquence la scission de l'instinct et de la raison, et confirment « la supériorité de la destination rationnelle de notre faculté de connaître sur le pouvoir le plus grand de la sensibilité »[184].

4.3.1. Education et culture du jugement

A priori l'homme se propose la culture, la culture des talents naturels, la culture de l'habileté, susceptibles de lui procurer les armes pour réaliser ses desseins pratiques. Cette aventure recommande le perfectionnement des facultés, leur développement par la formation et l'éducation du jugement : thèse en effet capitale, car elle prépare l'homme à la société, à la vie morale et à l'ouvrage du gouvernement absolu de la raison.

Qu'elle soit physique ou morale, la culture se présente dans la pédagogie kantienne en termes d'affrontement et de rupture avec la nature. Kant ne s'éloigne guère de la philosophie transcendantale, tout au moins de la logique du système qui exige la soumission des éléments divers de la sensibilité aux catégories intellectuelles, leur synthèse, leur liaison et leur unification suprême dans une aperception pure ; en d'autres termes, « ... la nature, en tant qu'objet de la connaissance dans une expérience, n'est possible, avec tout ce qu'elle peut contenir, que dans l'unité de l'aperception »[185], c'est-à-dire liée par l'activité rationnelle de l'entendement, l'entendement unificateur qui est pour elle une législation et son authentique justification.

En tant qu'objet d'expérience, et en tant que matière sur laquelle jaillira l'éducation humaine, la nature doit s'élever à la liberté, en suivant la voie de la culture et de la discipline. Seulement la discipline ne suffit pas pour

---

[184] *Critique de la faculté de juger*, p. 96.

[185] *Critique de la raison pure*, p. 142.

détruire les imperfections et les maladresses de l'homme dans son désir de défier la nature, de se cultiver, de se moraliser, d'être le législateur unique de ses actions. Un accent particulier doit donc être mis sur la culture de l'entendement, et surtout sur l'éducation du jugement qui a l'avantage de développer efficacement les qualités naturelles de l'enfant, de leur procurer une habileté d'examen, une habileté de l'esprit à contourner, dominer et vaincre les situations, ainsi :

> « On voit donc que si l'entendement est capable d'être instruit et armé par des règles, le jugement est un don particulier qui ne peut pas du tout être appris, mais seulement exercé. Aussi le jugement est-il la marque spécifique de ce qu'on nomme le bon sens (*mutterwitzes*) et au manque de quoi aucun enseignement ne peut suppléer ; car, bien qu'une école puisse présenter à un entendement borné une provision de règles, et greffer, pour ainsi dire, sur lui des connaissances étrangères, il faut que l'élève possède par lui-même le pouvoir de se servir de ces règles exactement, et il n'y a pas de règles que l'on puisse lui prescrire à ce sujet et qui soit capable de le garantir contre l'abus qu'il en peut faire quand un tel don naturel lui manque. C'est pourquoi un médecin, un juge ou un homme d'Etat peuvent avoir dans la tête beaucoup de belles règles de pathologie, de jurisprudence ou de politique, à un degré capable de les rendre savants professeurs en ces matières, et pourtant se tromper facilement dans l'application de ces règles, soit parce qu'ils manquent de jugement naturel, sans manquer cependant d'entendement et que, s'ils voient bien le général *in abstracto*, ils sont incapables de distinguer si un cas y est contenu *in concreto*, soit parce qu'ils n'ont

pas été exercés à ce jugement par des exemples et des affaires réelles »[186].

Ce qu'il faut préparer chez l'enfant, c'est non seulement la réflexion, l'entendement et ses règles, mais en particulier la faculté de juger et le goût pour les Idées[187]. Ainsi l'homme est-il capable de sympathie universelle et de sentiment de la beauté et de la dignité de la nature humaine[188].

---

[186] *Critique de la raison pure,* p.148-149. « Les exemples sont donc les béquilles du jugement et celui là ne saurait s'en passer à qui manque ce don naturel ». *Ibid*., p. 149. « L'enseignement peut enrichir l'entendement naturel de nombreux concepts et le pourvoir de règles ; quant à la seconde faculté intellectuelle qui permet de distinguer si on a affaire ou non à un cas conforme aux règles, c'est-à-dire le *jugement* (judicium) on ne peut pas l'*apprendre* mais seulement l'exercer ». *Anthropologie*, p. 70.

[187] La faculté de juger, d'une certaine manière, a le privilège de l'unification du sensible et de l'intellectuel que ne possède pas l'entendement.

[188] *Observations sur le sentiment du beau et du sublime*, p. 27. L'homme cultivé, nous l'avons dit, dont la manière de penser est formée au bien apprécie mieux l'art, la beauté, l'harmonie et la finalité existantes dans les productions de la nature. L'éducation du goût lui permet d'appréhender l'idée de l'humanité en nous, l'idée de notre destination morale, de notre aptitude à la « communication universelle » et à la sociabilité humaine. « Un homme abandonné sur une île déserte ne tenterait pour lui-même d'orner ni sa hutte, ni lui-même ou de chercher des fleurs, encore moins de les planter pour s'en parer ; ce n'est que dans la société qu'il lui vient à l'esprit de n'être pas simplement homme, mais d'être aussi à sa manière un homme raffiné (c'est le début de la civilisation) ; on considère ainsi en effet celui qui tend et est habile à communiquer son plaisir aux autres et qu'un objet ne peut satisfaire, lorsqu'il ne peut en ressentir la satisfaction en commun avec d'autres "in *Gemeinschaft mit anderen*". De même chacun attend et exige de chacun qu'il tienne compte de cette communication universelle en raison d'un contrat originaire pour ainsi dire, qui est dicté par l'humanité elle-même ». *Critique de la faculté de juger*, p. 130. Ainsi l'esthétique de Kant semble-t-elle situer convenablement l'homme cultivé qui renonce aux intérêts sauvages et anarchiques de l'être sensible pour se rapprocher de l'âme, de l'idéal de perfection, de progrès moral. Grâce au libre exercice du jugement de goût, rendu possible, dans un certain sens, par la culture des facultés humaines, l'homme connaît les forces de l'âme, la joie d'une liberté créatrice et donatrice de sens, les vertus incommensurables des sciences et des arts.

Dans l'éducation du jugement, il faudra donc procéder à la manière de Socrate, c'est-à-dire que l'on doit « conduire l'élève à tirer beaucoup de choses de sa propre raison »[189] au lieu de se contenter éternellement de la méthode catéchétique. Kant remarque d'ailleurs :

> « Je ne sais pourquoi les éducateurs de la jeunesse n'ont pas depuis longtemps déjà fait usage de cette tendance qu'a la raison d'entrer avec plaisir dans l'examen le plus subtil des questions pratiques qu'on lui propose, et pourquoi après avoir pris pour fondement un catéchisme simplement moral, ils n'ont pas fouillé les biographies des temps anciens et modernes, afin d'avoir sous la main des exemples pour les devoirs qui y sont proposés et d'exercer, par ces exemples, surtout par la comparaison d'actions semblables faites dans des circonstances diverses, le jugement de leurs élèves, qui

---

[189] *Réflexions sur l'éducation*, p. 119. « Mon art d'accoucheur, dit Socrate, comprend donc toutes les fonctions que remplissent les sages-femmes ; mais il diffère du leur en ce qu'il délivre des hommes et non des femmes et qu'il surveille leurs âmes en travail et non leurs corps. Mais le principal avantage de mon art, c'est qu'il rend capable de discerner à coup sûr si l'esprit du jeune homme enfante une chimère et une fausseté, ou un fruit réel et vrai. J'ai d'ailleurs cela de commun avec les sages-femmes que je suis stérile en matière de sagesse, et le reproche qu'on m'a fait souvent d'interroger les autres sans jamais me déclarer sur aucune chose, parce que je n'ai en moi aucune sagesse, est un reproche qui ne manque pas de vérité. Et la raison, la voici : c'est que le dieu me contraint d'accoucher les autres, mais ne m'a pas permis d'engendrer. Je ne suis pas du tout sage moi-même et je ne puis présenter aucune trouvaille de sagesse à laquelle mon âme ait donné le jour. Mais ceux qui s'attachent à moi, bien que certains d'entre eux paraissent au début complètement ignorants, font tous, au cours de leur commerce avec moi, si le dieu le leur permet, des progrès merveilleux, non seulement à leur jugement, mais à celui des autres. Et il est clair comme le jour qu'ils n'ont jamais rien appris de moi, et qu'ils ont eux-mêmes trouvé en eux et enfanté beaucoup de belles choses ». Platon, *Théétète*, 150a-150e, traduction E. Chambry, Paris, Grarnier Flammarion, 1967.

apprendraient à en discerner le plus ou moins d'importance morale »[190].

Tout de même Kant ne réfute pas complètement la méthode catéchétique, puisqu'il approuve les résultats certains de la « méthode mécanique catéchétique » dans l'enseignement de la religion révélée. Mais, à tout point de vue, l'usage de la méthode socratique est nécessaire, car elle fait participer l'élève à l'universel par la négation du donné, par la réalisation de sa propre négativité en tant qu'être raisonnable, responsable de ses fins et de ses déterminations, de son action et de ses œuvres[191]. Dans cette expérience, l'élève cesse d'être achevé et enchaîné ; il s'érige en maître, législateur de ses penchants, de ses instincts, et de sa destinée.

4.3.2. La culture morale

Discipliner les instincts grossiers de la sensibilité, éduquer et perfectionner les facultés de l'esprit (tâches complémentaires), désignent uniquement les moments indispensables de l'éducation en vue de sa destination ultime. Cependant une culture morale, c'est-à-dire la

---

[190] *Critique de la raison pratique*, p. 164. A propos d'exemples et de règles de l'action morale, il convient de dire que cette remarque vaut également pour les dispositions que l'on doit prendre dans la formation de l'honnêteté de l'enfant. Par exemple, au lieu d'insister continuellement sur un catéchisme moral, on ferait mieux de présenter aux enfants un certain nombre d'affaires courantes de la vie quotidienne, litigieuses ou pas, et leur demander de juger, de discerner par eux-mêmes les coupables et les innocents. « Nos écoles manquent presque complètement d'une chose qui serait très utile pour former les enfants à l'honnêteté, je veux dire au catéchisme du droit ». *Réflexions sur l'éducation*, p. 138.

[191] Un passage de la *Métaphysique* d'Aristote insiste sur la question des fins dans la recherche de la vérité et dans toute entreprise humaine en particulier ; « la fin de la spéculation est la vérité, tandis que celle de la pratique est l'œuvre : car, même quand ils examinent le comportement d'une chose, les hommes d'action ne considèrent pas la chose dans sa nature éternelle, mais par rapport à telle fin déterminée et à tel moment déterminé ». Livre a I, traduction J. Tricot, Paris, Vrin, 1981.

fondation d'un caractère chez l'enfant, est nécessaire pour la réalisation des fins de l'humanité.

La moralisation du sujet est le but final de l'éducation telle que l'entend Kant, et son traité de Pédagogie ne se dérobe pas à cette intuition fondamentale. « La culture morale doit se fonder sur des maximes, et non sur la discipline. Celle-ci empêche les défauts, celle-là cultive la manière de penser »[192]. Certes, la discipline libère l'enfant des tendances animales et de la rudesse ; seulement, elle ne peut se substituer à la culture morale qui concerne les règles de la conduite humaine, le respect pour la loi et l'usage de la pensée de l'être raisonnable. Ainsi « il s'ensuit que la formation morale de l'homme ne doit pas commencer par l'amélioration des mœurs, mais par la transformation de la mentalité et la fondation d'un caractère »[193].

II importe donc avant toute chose de fonder le caractère, le caractère détermine les capacités de l'enfant de vivre en société, d'obéir aux lois de l'humanité. « Dans l'éducation morale le premier effort consiste à former un caractère. Le caractère consiste dans l'aptitude à agir selon des maximes »[194]. Celles-ci sont de deux sortes : Les maximes de l'école et les maximes de l'humanité. II s'agit des directions, des principes, des plans de conduite que l'enfant doit suivre au risque de s'exposer aux châtiments, de connaître des sanctions. En effet, les maximes vont montrer à l'enfant la nécessité de certains devoirs, de certaines tâches de l'humanité. Ce que l'on attendra de l'enfant, c'est l'adhésion totale aux normes sociales, aux impératifs de l'école : c'est pourquoi « ...par exemple qu'on leur fixe un temps pour le sommeil, un temps pour le

---

[192] *Réflexions sur l'éducation*, p. 124.

[193] Kant, *La religion dans les limites de la simple raison*, traduction, J. Gibelin, Paris, Vrin, sixième édition 1979, p. 71.

[194] *Réflexions sur l'éducation*, p. 124.

travail, un temps enfin pour la récréation et l'on ne doit plus ensuite allonger ou abréger ce temps »[195]. Une fois ces règles apprises, l'exécution doit être rigoureuse, pour que l'enfant s'élève au *renoncement*, ait un caractère qui se fonde nécessairement sur l'obéissance à la loi.

L'obéissance est donc l'un des traits fondamentaux du caractère, comme la véracité et la sociabilité. Sans obéissance, aucun caractère n'est possible[196] ; autrement il serait multiforme, versatile, contingent, sans rigueur, sans sincérité et sans la foi en l'objet nouménal.

L'obéissance suppose la présence d'un être raisonnable ayant une volonté supérieure, et suffisamment influent pour conduire l'éducation de l'enfant. Cette volonté est celle du guide (maître) qui doit s'occuper de l'enfant, qui doit l'intéresser au devoir, et lui inculquer les lois fondamentales qui régissent la société, limitent les désirs et les aspirations souvent anarchiques de la communauté humaine.

L'enfant doit donc sentir la nécessité des enseignements du maître[197], et en ce sens, il faut que l'obéissance dérive

---

[195] *Réflexions sur l'éducation*, p. 125.

[196] A propos de la notion de caractère, elle varie selon les textes de Kant. Dans la *Critique de la raison pure* et dans la *Critique de la raison pratique*, le caractère est assimilé à la loi de causalité particulière à tel ou tel objet, empirique ou pas. Kant distingue par exemple chez le sujet humain un *caractère empirique* (enchaînement de nos actes avec d'autres phénomènes suivant les lois de la nature) et un *caractère intelligible* (non assujetissement à la sensibilité). « Mais toute cause efficiente, dit-il, doit avoir un *caractère,* c'est-à-dire une loi de sa causalité sans laquelle elle ne serait nullement cause », *Critique de la raison pure*, p. 397-398. L'*Anthropologie* par contre nous donne une définition à tout point de vue pratique : « Pouvoir dire d'un homme tout simplement : il a du caractère, ce n'est pas seulement en dire beaucoup, c'est aussi en faire un grand éloge, car c'est là une chose rare qui éveille respect et admiration... Mais avoir tout simplement du caractère signifie cette propriété de la volonté par laquelle le sujet se lie lui-même à des principes pratiques déterminés qu'il s'est indéfectiblement prescrits à lui-même par le moyen de sa propre raison », p. 139-140.

[197] Il faut dire que l'idée d'obéissance, d'autorité, est importante dans la pensée éducative de Kant et commande en profondeur l'essentiel de la vie morale. En

de la contrainte « puisqu'elle prépare l'enfant à l'accomplissement des lois auxquelles il devra obéir plus tard comme citoyen, même si elles ne lui plaisent pas »[198]. Ces mesures, ces commandements, et surtout les lois que l'enfant se voit imposées ont une valeur universelle, car elles travaillent à transformer la mentalité, à faire de lui un sujet raisonnable, une personne humaine. Si une défaillance, un tumulte ou un événement quelconque venait à compromettre la personnalité du guide, ou si ce dernier, comme cela se passe souvent dans les écoles, venait à manifester un penchant particulier pour un élève, et si cela se remarquait, on assisterait à l'effondrement total de l'éducation, de la formation morale en cours.

En effet, la loi quand elle est promulguée et appliquée à l'ensemble de la communauté, doit garantir les fondements de la société et l'intérêt général. Les enfants doivent connaître tous les interdits, toutes les maximes de l'existence. Cela est d'autant nécessaire qu'ils inclinent à l'obéissance, à suivre les lois et à les assumer selon la capacité de leur caractère. Cependant Kant précise que si l'enfant agit et s'il accepte telle ou telle loi, c'est parce que le devoir le lui commande : il le fait parce que c'est le

---

tout cas, la réalisation de l'humain, ne peut se fonder que sur des règles de conduite et sous la direction d'un maître. « La difficulté qui saute aux yeux dès que l'on conçoit la simple idée de cette tâche, la voici : l'Homme est un *animal* qui, du moment où il vit parmi d'autres individus de son espèce, a *besoin d'un maîtr ». Philosophie de l'histoire*, p. 34. Locke, contrairement à Rousseau, est sans doute le grand partisan de l'idée d'obéissance. « Ceux donc qui prétendent gouverner leurs fils, doivent commencer, quand ils sont tout petits, à obtenir d'eux une soumission complète à leur volonté. Voulez vous avoir un fils qui vous obéisse, une fois l'âge de l'enfance écoulé, ayez soin alors d'établir votre autorité de père, aussitôt que l'enfant est capable de soumission et peut comprendre de qui il dépend. Si vous voulez qu'il ait du respect pour vous, inculquez-lui ce sentiment dès son enfance ; et à mesure qu'il s'avancera vers l'âge viril, admettez-le plus intimement dans votre familiarité. De cette façon vous aurez en lui un sujet obéissant ». *Quelques pensées sur l'éducation,* p. 60-61.

[198] *Réflexions sur l'éducation*, p. 125-126.

devoir, et c'est moral que d'agir conformément au devoir et non par inclination.

L'inclination est de l'ordre de la sensibilité, de l'ordre pathologique où passions et intérêts s'entrecroisent. L'inclination se fonde donc sur des principes empiriques, valables uniquement pour la volonté du sujet connaissant ; elle se manifeste brutalement en favorisant l'envie et le besoin, en ne laissant aucun choix, aucune possibilité d'auto-élucidation de la raison humaine. Par conséquent, « … c'est le devoir seul et non l'inclination qui peut nous guider »[199]. Toutefois, en cas de rébellion, de désobéissance, l'application des punitions serait inévitable. Kant en distingue deux, celles qui sont morales en ce qu'elles heurtent les penchants à être honoré et aimé ; par exemple l'enfant qui ment aura droit au mépris. Les punitions physiques complètent les punitions morales et ne sont appliquées qu'en cas de nécessité. « D'une manière générale les punitions doivent toujours être appliquées aux enfants avec circonspection et de telle manière qu'ils voient que seule leur propre amélioration est le but de celles-ci »[200].

Le deuxième trait fondamental du caractère est la véracité. II est selon Kant, le trait principal et aussi l'essentiel d'un caractère. Quant à la sociabilité, troisième trait du caractère, elle doit être cultivée chez le jeune enfant ; il faut provoquer une impulsion qui conduirait l'enfant à entretenir des rapports d'amitié avec autrui, à ne pas se replier sur lui-même. C'est en cela que consiste la tâche même de l'éducation, c'est-à-dire faire de l'enfant un sujet autonome, citoyen du monde.

En tout état de cause, la culture représente (ou est plutôt) le complément fondamental de la discipline. Sous cet angle, en tant que contrainte nécessaire, médiatrice

---

[199] *Réflexions sur l'éducation*, p. 126.
[200] *Réflexions sur l'éducation*, p. 128.

pour aller à la liberté, elle assure à l'individu humain, par les connaissances, par la technique et par l'instruction, une existence meilleure combinée de l'habileté, de la prudence et de la moralité.

CINQUIEME PARTIE

L'EDUCATION MORALE

« Devoir ! nom sublime et grand, toi qui ne renfermes rien en toi d'agréable, rien qui implique insinuation, mais qui réclames la soumission, qui cependant ne menaces de rien de ce qui éveille dans l'âme (*Gemüthe*) une aversion naturelle et épouvante, pour mettre en mouvement la volonté, mais poses simplement une loi qui trouve d'elle-même accès dans l'âme (*Gemüthe*) et qui cependant gagne elle-même malgré nous, la vénération (sinon toujours l'obéissance), devant laquelle se taisent tous les penchants, quoiqu'ils agissent contre elle en secret ; quelle origine est digne de toi, et où trouve-t-on la racine de ta noble tige, qui repousse fièrement toute parenté avec les penchants, racine dont il faut faire dériver, comme de son origine, la condition indispensable de la seule valeur que les hommes peuvent se donner à eux-mêmes ? »

Kant, *Critique de la raison pratique*, p. 91.

5.1 Fondation de l'être raisonnable

Kant ne s'est pas uniquement intéressé au problème de la science et de la connaissance. Il s'est également attaché à définir les règles de la conduite humaine en explorant les données pratiques de l'existence, notamment l'action. Si la science représente particulièrement l'intérêt fondamental de la recherche dans la connaissance, c'est la morale en revanche qui sera prépondérante dans l'action. Ainsi donc, dans le domaine théorique le privilège échoit à la science, aux vérités universelles, apodictiques, tandis que dans le domaine pratique, la morale gouvernera le sujet humain.

L'objectivité, les vérités physico-mathématiques, exigent la connaissance des lois de la nature, une certaine rigueur de l'esprit qui interroge le réel, cherche à le rendre adéquat et conforme aux normes des catégories intellectuelles. Cependant, dans l'éducation morale, le problème ne saurait se poser en termes d'objectivité, de spatialisation, de connexion avec la causalité naturelle.

II est certain que dans le domaine théorique et dans le domaine pratique, toute recherche (définition) s'élabore, et se construit à partir du sujet. Seulement la morale trouve son fondement dans l'*autonomie de la volonté*, c'est-à-dire qu'elle a la faculté de poser elle-même ses lois, et cette autonomie n'est rien d'autre que l'expression de la liberté humaine ; en effet « la *volonté* est une sorte de causalité des êtres vivants, en tant qu'ils sont raisonnables, et la *liberté* serait la propriété qu'aurait cette causalité de pouvoir agir indépendamment de causes étrangères qui la *déterminent* »[201]. Cela suppose que l'éducation morale doit nécessairement s'éloigner de l'arbitraire, de la convention,

---

[201] *Fondements de la métaphysique des mœurs*, p.127.

des déterminations empiriques, des penchants naturels et pathologiques ; elle doit plutôt résulter de la discipline des tendances naturelles, discipline des égoïsmes sauvages, discipline de la liberté anarchique ; enfin l'éducation morale doit découler d'un examen critique de la nature animale, examen critique de la raison pratique, destiné à fonder l'*être raisonnable* au-dessus des besoins et de la nécessité.

Dans l'éducation morale on est en droit de penser que l'homme atteint la totalité de ses desseins supérieurs. Tout plan ou projet d'éducation, quel qu'il soit, a une double vocation, celle de former l'homme de manière qu'il réponde aux exigences de la vie, qu'il soit formé à l'image de la société humaine ; ensuite celle de le rendre libre, conscient et responsable ; en d'autres termes, le but final est de moraliser l'homme.

La moralité concerne le caractère, l'ensemble des qualités qui font de l'enfant un être raisonnable capable de faire divers choix possibles parmi les situations qui lui sont offertes ; c'est à ce titre que l'enfant apprécie les règles fondamentales qui commandent l'univers, se saisit comme conscience libre, reconnaît la nécessité de rompre avec l'opinion, de soumettre le savoir à l'examen libre de la raison et de le juger en fonction du devoir et de l'idéal moral. En d'autres termes, en tant que sujet moral, l'enfant possède une dignité, il se donne une loi et accomplit les actions par devoir et non par inclination ; ainsi peut il se targuer d'être sujet libre, autonome et débarrassé de la nécessité des besoins.

L'éducation pratique comprend non seulement la moralité, mais également l'habileté et la prudence. Ces dernières qualités doivent être cultivées et entretenues très tôt dans l'éducation de l'enfant, car elles sont fondamentales dans la détermination de la volonté ; elles sont d'ailleurs considérées comme impératifs *hypothétiques* alors que la moralité est plutôt un impératif *catégorique*.

Pour comprendre l'argumentation de Kant sur la notion d'impératif, argumentation déterminante dans la fondation de l'être raisonnable, essayons avant tout d'élucider le mécanisme de la détermination de la volonté dans une conscience par la raison humaine. Kant dit ceci :

> « Toute chose dans la nature agit d'après des lois. Il n'y a qu'un être raisonnable qui ait la faculté d'agir d'*après la représentation* des lois, c'est-à-dire d'après les principes, en d'autres termes, qui ait une *volonté*. Puisque, pour dériver les actions des lois, la *raison* est requise, la volonté n'est rien d'autre qu'une raison pratique. Si la raison chez un être détermine infailliblement la volonté, les actions de cet être qui sont reconnues nécessaires objectivement sont aussi reconnues telles subjectivement, c'est-à-dire que la volonté est une faculté de choisir *cela seulement* que la raison, indépendamment de l'inclination, reconnaît comme pratiquement nécessaire, c'est-à-dire comme bon. Mais si la raison ne détermine pas suffisamment par elle seule la volonté, si celle-ci est soumise encore à des conditions subjectives (à de certains mobiles) qui ne concordent pas toujours avec les conditions objectives, en un mot, si la volonté n'est pas encore en soi pleinement conforme à la raison (comme cela arrive chez les hommes) alors les actions qui sont reconnues nécessaires objectivement sont subjectivement contingentes, et la détermination d'une telle volonté, en conformité avec des lois objectives, est une *contrainte* ; c'est-à-dire que le rapport des lois objectives à une volonté qui n'est pas complètement bonne est représenté comme la détermination de la volonté d'un être raisonnable par des principes de la raison sans

doute, mais par des principes auxquels cette volonté, selon sa nature, n'est pas nécessairement soumise »[202].

L'homme est donc le seul être qui possède une volonté, parce qu'il est le seul être raisonnable ; la volonté est, comme nous l'avons dit, le pouvoir ou la faculté d'agir d'après des règles. Cependant, ces règles sont soit subjectives, soit objectives. Elles sont appelées subjectives quand elles concernent uniquement la volonté du sujet individuel, et elles sont considérées comme des lois quand elles sont universelles, inconditionnelles et valables pour la volonté de tous les êtres raisonnables.

Du point de vue donc de l'homme, la volonté se heurte à la nature même de l'être dans toute sa dimension, l'être dans tout ce qu'il a de profond, l'être multiple ou transcendant. En effet, chez l'homme la volonté ne saurait être parfaite, car elle subit l'influence de la raison et de la sensibilité ; sa compromission est donc double, alors qu'une volonté parfaite n'est déterminée que par la seule raison ; par conséquent elle n'a affaire qu'aux lois purement rationnelles. Ainsi dans la détermination de la volonté, une confrontation entre la raison et les mobiles sensibles est inévitable. Toutefois, à bien des égards, la raison prend le dessus sur la volonté humaine. Les lois de la raison sont des commandements, des impératifs chez l'*être raisonnable fini*. En revanche, ces commandements sont inexistants et absents dans une volonté supérieure (parfaite ou divine), qui ne subit aucune contrainte des lois rationnelles[203]. Il s'agit, en effet, de l'être totalement

---

[202] *Fondements de la métaphysique des mœurs*, p. 33-84.

[203] « Pour des hommes et pour tous les êtres raisonnables crées, la nécessité morale est *contrainte* (*Nöthigung*), c'est-à-dire *Obligation* (*Verbindlichkeit*) et toute action fondée là-dessus doit être représentée comme un *devoir*... La loi morale est en effet pour la volonté d'un être parfait (*allervoll-kommensten*) une loi de *sainteté*, mais pour la volonté de tout être fini et raisonnable, c'est une loi de devoir, de contrainte morale, qui le détermine à agir par respect

raisonnable qui n'a aucun recours à l'*impératif catégorique*, l'impératif catégorique n'étant valable que pour les êtres raisonnables finis et ne s'adressant qu'à eux. Donc les lois ne sont impératives que chez l'individu humain ; Kant les appelle *devoir* :

> « Tous les impératifs sont exprimés par le *devoir* (sollen), et ils indiquent par là le rapport d'une loi objective de la raison à une volonté qui, selon sa constitution subjective, n'est pas nécessairement déterminée par cette loi (une contrainte). Ils disent qu'il serait bon de faire telle chose ou de s'en abstenir ; mais ils le disent à une volonté qui ne fait pas toujours une chose parce qu'il lui est représenté qu'elle est bonne à faire. Or cela est pratiquement *bon*, qui détermine la volonté au moyen des représentations de la raison, par conséquent non pas en vertu de causes subjectives, mais objectivement, c'est-à-dire en vertu de principes qui sont valables pour tout être raisonnable en tant que tel. Ce bien pratique est distinct de l'*agréable*, c'est-à-dire de ce qui a de l'influence sur la volonté uniquement au moyen de la sensation en vertu de causes purement subjectives, valables seulement pour la sensibilité de tel ou tel, et non comme principe de la raison, valable pour tout le monde »[204].

Parmi ces impératifs, nous avons les impératifs hypothétiques qui visent une certaine fin, et représentent une action comme nécessaire pour aller au résultat, ou au but précis fixé d'avance ; il y a donc nécessité pratique de l'action possible, mais considérée comme moyen pour atteindre quelque chose. C'est le cas de l'impératif de

---

pour cette loi et par soumission au devoir », *Critique de la raison pratique*, p.86.

[204] *Fondements de la métaphysique des moeurs*, p. 84.

l'habileté : il prescrit des règles, des moyens utiles pour le bonheur personnel. L'impératif de la prudence s'inscrit dans le même contexte. « Pour ce qui est de la *prudence* "*Weltklugheit*", elle consiste dans l'art d'appliquer notre habileté à l'homme, c'est-à-dire à savoir user des hommes pour nos propres fins »[205].

En effet, l'impératif hypothétique se caractérise par un fait unique, celui de ne pas produire, (considérer) une action pour nécessaire en elle-même, de ne pas reconnaître l'universalité en elle, et surtout de s'écarter des principes objectifs d'une raison pratique ; tandis que l'impératif catégorique n'est subordonné à aucune fin. II exprime seulement le commandement, une conduite, indépendamment de toute autre fin, de tout intérêt ou de tout autre objet à atteindre. II représente une action comme nécessaire en elle-même et cela inconditionnellement.

Dans tous les cas « les impératifs hypothétiques représentent la nécessité pratique d'une action possible, considérée comme moyen d'arriver à quelque chose que l'on veut (ou du moins qu'il est possible qu'on veuille), L'impératif catégorique serait celui qui représenterait une action comme nécessaire pour elle-même, et sans rapport à un autre but comme objectivement nécessaire »[206]. En effet, « l'impératif hypothétique exprime donc seulement que l'action est bonne en vue de quelque fin, *possible* ou *réelle*. Dans le premier cas, il est un principe *Problématiquement* pratique ; dans le second, un principe *Assertoriquement* pratique. L'impératif catégorique qui déclare l'action objectivement nécessaire en elle-même, sans rapport à un but quelconque, c'est-à-dire sans quelque autre fin, vaut comme un principe *Apodictiquement* pratique »[207]. On parvient à distinguer tous ces impératifs,

---

[205] *Réflexions sur l'éducation*, p. 132.
[206] *Fondements de la métaphysique des mœurs,* p. 85.
[207] *Fondements de la métaphysique des mœurs*, p. 86.

en examinant le genre de contrainte qu'ils exercent sur la volonté ; « ce sont ou des *règles* de l'habileté, ou des *conseils* de la prudence, ou des *commandements* (des lois) de la moralité »[208]. D'ailleurs, Kant observe que l' « on pourrait encore appeler les impératifs du premier genre *techniques* (se rapportant à l'art), ceux du second genre *pragmatiques* (se rapportant au bien être), ceux du troisième genre, *moraux*, (se rapportant à la libre conduite en général, c'est-à-dire aux mœurs »[209]. Par conséquent :

> « Toutes les règles techniques-pratiques (c'est-à-dire celles de l'art et de l'habileté en général ou aussi de la prudence comme habileté à agir sur les hommes et leur volonté) ne doivent, dans la mesure où leurs principes reposent sur des concepts, être comptées que comme des corollaires de la philosophie théorique. Elles ne concernent, en effet, que la possibilité des choses d'après des concepts naturels, dont relèvent non seulement les moyens qu'on rencontre pour cela dans la nature, mais encore la volonté elle-même (comme faculté de désirer, par conséquent comme faculté naturelle), dans la mesure où elle peut, conformément à ces règles, être déterminée par des mobiles naturels. Cependant de telles règles pratiques ne s'appellent pas des lois (comme les lois physiques) mais seulement des préceptes, parce que la volonté ne dépend pas seulement du concept de la nature, mais aussi du concept de liberté, en relation auquel les principes de la volonté se nomment des lois et constituent seuls avec leurs conséquences la seconde partie de la philosophie, c'est-à-dire la partie pratique »[210].

[208] *Fondements de la métaphysique des mœurs*, p. 88.
[209] *Fondements de la métaphysique des mœurs*, p. 88-89.
[210] *Critique de la faculté de juger*, p. 22.

En définitive « ce qu'il faut pour le moment remarquer, c'est que l'impératif catégorique seul s'exprime comne une *loi* pratique, tandis que les autres impératifs ensemble peuvent bien être appelés des *principes* de la volonté mais non des lois »[211]. Kant énonce la formule générale de l'impératif catégorique ainsi : « *Agis uniquement d'après la maxime qui fait que tu peux vouloir en même temps qu'elle devienne une loi universelle* »[212].

Toutefois Kant privilégie la moralité, car la culture de l'habileté et en particulier la culture de la prudence, quoique indispensables, rendraient l'homme domptable, mesquin, corruptible, si au préalable un effort dans la formation du caractère de l'enfant n'était pas entrepris avec une extrême rigueur.

Le caractère assure l'esprit volontaire, intègre, autonome, apte à accomplir les devoirs quels que soient les malheurs de la conscience humaine. « La chose la plus importante dit Kant est de fonder le caractère. Le caractère consiste dans la fermeté de la détermination avec laquelle on veut faire quelque chose et aussi dans sa mise à exécution réelle »[213]. En effet, le problème que pose Kant, pourrait faire l'objet d'un débat sur les multiples figures de l'introspection humaine, ou sur les capacités du moi psychologique et de son essence réelle, telle que nous la percevons empiriquement. Mais ce dont il s'agit ici, c'est plutôt de la confiance, la confiance en soi qui détermine sans doute les comportements du sujet humain dans la société. L'homme qui prend une décision quelconque, obéit véritablement à une loi supérieure, une loi de la raison qui lui demande d'aller jusqu'au bout de l'action. Seulement nous ne pouvons pas déterminer, vérifier l'intention ou les principes qui guident la volonté dont il

---

[211] *Fondements de la métaphysique des mœurs*, p. 93.

[212] *Fondements de la métaphysique des mœurs*, p. 94.

[213] *Réflexions sur l'éducation*, p. 135.

fait preuve ; néanmoins il est certain qu'en essayant de se surpasser, de défendre l'idéal qui lui est propre, on peut penser que sa conscience est en adéquation avec la raison, et qu'il a pleinement confiance en lui-même.

Pour fonder un caractère moral chez l'enfant, il faut l'instruire des devoirs et « les devoirs que l'enfant doit remplir ne sont que les devoirs habituels envers soi et envers les autres. Ces devoirs doivent donc être tirés de la nature des choses »[214]. Les devoirs dont parle Kant concernent plus la moralité que ce que nous trouvons dans l'expérience commune. Lorsqu'il parle de la nature des choses, il cherche à interroger ce qu'il y a au fond de l'être, c'est-à-dire qu'il faut explorer ce qui est, tenter de dégager ce qui fonde et rend l'expérience morale possible, rechercher les causes premières de l'autonomie de la volonté.

Ainsi, grâce à notre volonté pratique, nous pouvons tirer de nous-mêmes un maximum de richesses spirituelles. Il est important dans ce cas, de ne pas utiliser la liberté abusivement, d'éviter de tomber dans le piège des désirs et des penchants naturels. La dignité de l'être raisonnable serait alors sauvegardée, car les devoirs envers soi-même « ... consistent à posséder intérieurement une certaine dignité, qui rend l'homme plus noble que toutes les autres créatures et il est du devoir de l'homme de ne pas renoncer en sa personne à cette dignité de l'humanité »[215]. Kant donne incontestablament la preuve du primat de la raison sur la sensibilité, sur les passions humaines, sur tous les instincts sauvages.

Cependant la notion de dignité humaine ne peut se limiter uniquement à la confrontation des deux facultés de connaissance. Elle est liée fondamentalement à l'idée

---

[214] *Réflexions sur l'éducation*, p. 135.
[215] *Réflexions sur l'éducation*, p. 136.

d'*autonomie*, « ... le principe de la dignité de la nature humaine et de toute nature raisonnable »[216].

En effet, l'homme se représente la loi, une loi qu'il se donne, qui témoigne de sa valeur ; en tant que *personne*, en tant qu'être raisonnable possédant une volonté, il agit toujours en vue d'une fin ; et la volonté, pour qu'elle soit bonne, doit agir par devoir indépendamment des plaisirs et des intérêts[217]. Or les fins selon les principes de l'action,

---

[216] *Fondements de la métaphysique des mœurs*, p. 114.

[217] Kant déclare ceci dans sa première œuvre critique de philosophie morale, *Fondements de la métaphysique des mœurs* : « De tout ce qu'il est possible de concevoir dans le monde, et même en général hors du monde, il n'est rien qui puisse sans restriction être tenu pour bon, si ce n'est seulement une Bonne Volonté. L'intelligence, la finesse, la faculté de juger, et les autres *talents* de l'esprit, de quelque nom qu'on les désigne, ou bien le courage, la décision, la persévérance dans les desseins, comme qualité du *tempérament*, sont sans aucun doute à bien des égards choses bonnes et désirables ; mais ces dons de la nature peuvent devenir aussi extrêmement mauvais et funestes si la volonté qui doit en faire usage, et dont les dispositions propres s'appellent pour cela *caractère*, n'est point bonne » (p. 55-56). En effet Kant entend consacrer une méditation particulière sur la définition du bien moral, le bien moral en tant que bien absolu et bien suprême ; et une critique fondamentale de l'éthique kantienne –dans la perspective de la fondation de l'*être raisonnable*– ne saurait souffrir de préjugés en interrogeant l'essence même du bien moral. La conscience humaine tient donc pour bon moralement et cela sans restriction la bonne volonté. Le bien moral n'est pas un bien relatif, bien au contraire, il est un bien en soi, un bien absolu. Ni l'aptitude fonctionnelle (ou utilitariste), technique, pragmatique et stratégique, ni l'inclination naturelle au bonheur, ne peuvent fonder la bonté morale chez l'*être raisonnable* ou caractériser la volonté humaine. En définitive, les facultés humaines extraordinaires, les talents humains, « ... les *dons de la fortune*, le pouvoir, la richesse, la considération, même la santé ainsi que le bien être complet et le contentement de son état, ce qu'on nomme le *bonheur* » (*Ibid*, p. 56) ne sont pas forcément moraux, dans la mesure où ils ne déterminent en rien l'usage même de la volonté. Donc, l'action moralement bonne par elle-même, c'est la Bonne Volonté. La bonne volonté ne se définit nullement par la conformité ni par la conformation aux mœurs, mais par son simple "vouloir", par l'intention, la maxime qui inspire son action. « Ce qui fait que la bonne volonté est telle, ce ne sont pas ses œuvres ou ses succès, ce n'est pas son aptitude à atteindre tel ou tel but proposé, c'est seulement le vouloir ; c'est-à-dire que c'est en soi qu'elle est bonne » *Ibid.* p. 57. Toutefois pour saisir en son essence la bonne volonté, la volonté qui est bonne par elle-même, il faut analyser le concept du devoir qui contient celui de bonne volonté.

peuvent être subjectives ou objectives. Une fin subjective n'a rien d'universel ; dans ce cas précis, la volonté est incapable de se donner à elle-même la loi, commandée en effet par l'objet ; on aboutit alors à l'*hétéronomie* de la volonté. Par contre une fin objective a une valeur universelle ; et dans la nature il n'existe qu'une fin en soi qui est l'honme :

> « L'homme, et en général tout être raisonnable, *existe*, comme fin en soi, et *non pas simplement comme moyen* dont telle ou telle volonté puisse user à son gré ; dans toutes ses actions, aussi bien dans celles qui le concernent lui-même que dans celles qui concernent d'autres êtres raisonnables, il doit toujours être considéré *en même temps comme fin.* Tous les objets des inclinations n'ont qu'une valeur conditionnelle ; car, si les inclinations et les besoins qui en dérivent n'existaient pas, leur objet serait sans valeur. Mais les inclinations mêmes, comme sources du besoin, ont si peu une valeur absolue qui leur donne le droit d'être désirées pour elles-mêmes, que, bien plutôt, en être pleinement affranchi doit être le souhait universel de tout être raisonnable »[218].

Les objets que nous convoitons (objets de désirs) resteront éternellement des objets, parce qu'ils ont une valeur conditionnelle, et appartiennent à l'ordre des moyens et non à l'ordre des fins ; c'est pourquoi « les êtres dont l'existence dépend, à vrai dire, non pas de notre volonté, mais de la nature, n'ont cependant, quand ce sont des êtres dépourvus de raison, qu'une valeur relative, celle de *moyens*, et voilà pourquoi on les nomme des *choses* »[219]. Seuls les êtres raisonnables ont une valeur

---

[218] *Fondements de la métaphysique des mœurs*, p. 104.
[219] *Fondements de la métaphysique des mœurs*, p. 104.

absolue, catégorique, et sont appelés des personnes, des êtres sans prix, au-dessus de la matière, sujets de la loi, législateurs du temps et de soi.

On ne peut pas donc utiliser la personne humaine comme moyen ou comme instrument en vue de la réalisation des desseins personnels. En effet, tout être raisonnable possède une dignité, c'est-à-dire qu'il s'impose à lui-même la loi, d'autant plus qu'il ne reçoit en aucun cas la vérité de l'extérieur ; il est donc une fin en soi, qui s'organise par l'autonomie de la volonté, indépendamment de la législation universelle.

La moralité considérée comme le rapport des actions à l'autonomie de la volonté, invite à mieux comprendre la véritable définition de la personne humaine, précisément la personne humaine en tant que sujet de la loi, en tant que noumène qui agit dans le phénomène et sauvegarde la vie morale[220]. Les devoirs envers autrui sont donc des actes de *reconnaissance* que Kant nomme respect[221] ; donc la

---

[220] « ...considéré comme *personne*, c'est-à-dire comme sujet d'une raison moralement pratique, l'homme est élevé au-dessus de tout prix ; en effet comme tel (*homo noumenon*), il ne peut être estimé uniquement comme un moyen pour les fins d'autrui, pas même pour les siennes propres, mais comme une fin en soi, c'est-à-dire qu'il possède une *dignité*, (une valeur intérieure absolue), par laquelle il force au *respect* de lui-même toutes les autres créatures raisonnables et qui lui permet de se mesurer avec toute créature de cette espèce et de s'estimer sur le pied d'égalité" *Doctrine de la vertu* I Partie, Liv. I, §11, p. 109.

[221] La notion de *respect* qui relève davantage de la psychologie et qui est assimilée à la loi, à l'intérêt moral dans le texte de Kant, pourrait prêter à confusion. En effet, le respect est un sentiment humain, donc une pure inclination qui compromettrait éventuellement l'action morale. Seulement dans une note des *Fondements de la métaphysique des mœurs*, Kant estime que « quoique le respect soit un sentiment, ce n'est point cependant un sentiment *reçu* par influence ; c'est, au contraire, un *sentiment spontanément produit* par un concept de la raison, et par là même spécifiquement distinct de tous les sentiments du premier genre, qui se rapportent à l'inclination, ou à la crainte. Ce que je reconnais immédiatement comme loi pour moi, je le reconnais avec un sentiment de respect qui exprime simplement la conscience que j'ai de la *subordination* de ma volonté à une loi sans entremise d'autres influences sur ma sensibilité ; la détermination immédiate de la volonté par la

relation à autrui suppose *a priori* le respect, c'est-à-dire poser autrui préalablement comme homme, comme personne humaine, comme être de droits et de devoirs ; par conséquent, celui qui n'est pas pénétré de l'idée du devoir ne pourra appliquer pratiquement les vertus des devoirs envers soi-même et envers autrui, parce que ignorant véritablement le respect pour la loi, et l'idée de l'humanité en sa propre personne. En effet, instruire l'enfant des devoirs, faire de lui un être raisonnable est une nécessité, « car l'homme par nature n'est pas du tout un être moral ; il ne devient un être moral que lorsque sa raison s'élève jusqu'aux concepts du devoir et de la loi. On peut cependant dire qu'il contient en lui-même à l'origine des impulsions menant à tous les vices (*Anreize zu allen Lastern*), car il possède des penchants et des instincts qui le poussent d'un côté, bien que la raison le pousse du côté opposé. Il ne peut donc devenir moralement bon que par la vertu, c'est-à-dire en exerçant une contrainte sur lui-même, bien qu'il puisse être innocent s'il est sans passion »[222]. Cela n'est donc pas évident que l'homme agisse particulièrement par devoir et fasse le bien, car il ne peut combattre certains penchants qui le conduisent au mal. II est vrai que du point de vue de la conscience morale et de

---

loi et la conscience que j'en ai, c'est ce qui s'appelle le *respect*, de telle sorte que le respect doit être considéré, non comme la *cause* de la loi, mais comme l'*effet* de la loi sur le sujet. A proprement parler, le respect est la représentation d'une valeur qui porte préjudice à mon amour-propre. Par conséquent, c'est quelque chose qui n'est considéré ni comme objet d'inclination, ni comme objet de crainte, bien qu'il ait quelque analogie avec les deux à la fois. L'*objet* du respect est donc simplement la loi, loi telle que nous nous l'imposons à *nous-mêmes*, et cependant comme nécessaire en soi. En tant qu'elle est la loi, nous lui sommes soumis, sans consulter l'amour-propre ; en tant que c'est par nous qu'elle nous est imposée, elle est une conséquence de notre volonté ; au premier point de vue elle a de l'analogie avec la crainte ; au second avec l'inclination. Tout respect pour une personne n'est proprement que respect pour la loi (loi d'honnêteté etc.) dont cette personne nous donne l'exemple », p. 67-68.

[222] *Réflexions sur l'éducation*, p. 141.

la volonté pratique, l'homme choisit le bien, mais la raison n'est pas continuellement à la hauteur de ses desseins. La prépondérance du moi nouménal est incontestable, seulement contenir la témérité de la sensibilité humaine est une entreprise difficile. Peut-on conclure que le mal résulte de l'inclination humaine ? Cela reste à confirmer.

Toutefois l'homme devient moral, dit Kant, lorsqu'il s'élève jusqu'au concept du devoir dans l'accomplissement de l'idéal moral[223] ; En revanche, il est mauvais (ou il le devient) quand il privilégie l'intérêt, les plaisirs, l'ambition et la volonté subjective à conquérir. Les deux tendances –le penchant au bien et au mal– se rencontrent chez l'être humain et justifient de façon lumineuse, le conflit qui oppose la raison à la sensibilité, conflit que ne pouvait résoudre la *Critique de la raison pure,* conflit qui inaugure et annonce le problème de la liberté et de la morale.

---

[223] Voir à ce propos l'analyse de Kant (*Critique de la raison pratique*, p. 91.) lorsqu'il aborde la notion du devoir dans son essence, dans ce qu'elle représente réellement pour le sujet humain, toujours partagé entre la vie sensible, matérielle, et la représentation du monde intelligible, seul monde légitime, car garant de la loi morale. Le devoir est un appel incontournable dans l'ordre du règne nouménal que nous réclamons tant ; il brise les forces de la subjectivité empirique, et réussit à taire les penchants d'où qu'ils viennent, et cela au profit de la loi intérieure humaine. Une action possède une valeur morale quand elle est accomplie par devoir. Kant insiste sur la formule *par devoir*, différent de *conformément au devoir*. Ce qu'il faut considérer, c'est surtout la maxime de l'action, le principe du vouloir, la raison qui détermine l'acte. Le fondement même de la bonne volonté réside dans la soumission au devoir. En définitive la raison seule garantit la valeur morale d'une action, car l'acte entrepris sous l'influence de la sensibilité quoique conforme au devoir est purement pathologique. « L'amour comme inclination ne peut pas se commander ; mais faire le bien précisément par devoir, alors qu'il n'y a pas d'inclination pour nous y pousser, et même qu'une aversion naturelle et invincible s'y oppose, c'est là un amour *pratique* et non *pathologique,* qui réside dans la volonté, et non dans le penchant de la sensibilité, dans des principes de l'action, et non dans une compassion amollissante ». *Fondements*, p.65. Ainsi donc « une action accomplie par devoir tire sa valeur morale *non pas du but* qui doit être atteint par elle, mais de la maxime d'après laquelle elle est décidée ; elle ne dépend donc pas de la réalité de l'objet de l'action, mais uniquement du *principe du vouloir* d'après lequel l'action est produite sans égard à aucun des objets de la faculté de désirer ». *Fondements*, p. 65.

Fonder l'être raisonnable passe donc par l'éducation des sens, par l'élimination totale de la créature animale en nous au profit de la reconnaissance de la loi morale qui « élève infiniment ma valeur, dit Kant, comme celle d'une *intelligence*, par ma personnalité dans laquelle la loi morale me manifeste une vie indépendante de l'animalité et même de tout le monde sensible »[224].

5.2. Morale et religion ou le souverain bien comme bien unique de l'humanité

L'éducation conduit à la liberté, à l'ensemble des principes qui fondent la moralité, et, par les problèmes qu'elle soulève, notamment la connaissance du bien et de la vertu, ouvre le débat sur les rapports de la morale et de la religion.

En effet, s'élever au concept du devoir et de la loi suppose la pratique de la vertu, être *dignes* de l'humanité, *dignes* des désirs, *dignes* du bonheur, porté sur le *souverain bien*. D'ailleurs la condition de la réalisation du souverain bien va poser quelques problèmes, voire une antinomie absolument inextricable, comme celle qui oppose la causalité naturelle à la liberté intelligible dans la *Critique de la raison pure*.

Ici il sera question d'un affrontement, d'un conflit entre la nécessité et le bien, entre le sensible et l'intelligible ; Conflit significatif qui témoigne bien de la tragédie de l'existence, inhérente à la nature humaine habituée à aller au-delà des contradictions, cette nature qui enfante l'espoir de connaître l'essence des choses, qui refuse constamment de se contenter de ce qui est, et qui exige la perfection des facultés humaines. Comme nous le voyons « la morale conduit donc immanquablement à la religion, s'élargissant ainsi jusqu'à l'idée d'un législateur moral tout puissant,

---

[224] *Critique de la raison pratique*, p. 173.

extérieur à l'homme en la volonté duquel est fin dernière (de la création du monde), ce qui peut et doit être également la fin dernière de l'homme »[225].

Ainsi donc, l'élévation à la moralité et à la religion passe par la réalisation du souverain bien, et pour que cela soit possible, un accord de la *vertu* et du *bonheu*r est nécessaire. Tout de même, il faut le dire d'entrée de jeu, que la difficulté sera énorme pour deux raisons principales : Premièrement, la vertu dépend de la loi morale, et il est impossible qu'elle soit inspirée de l'extérieur et tirée de la sensibilité. Deuxièmement, le bonheur est plus une inclination qu'une règle de conduite pratique, comme l'indique l'impératif de la prudence ; par conséquent l'idée du bonheur ne saurait constituer le principe du devoir ; en effet elle représente le plus grand contentement qui existe de toutes les inclinations humaines.

Etre heureux, « c'est un problème qui nous est imposé par notre nature finie elle-même ; car nous avons des besoins et ces besoins concernent la matière de notre faculté de désirer, c'est-à-dire quelque chose qui se rapporte à un sentiment de plaisir ou de peine qui sert subjectivement de principe (*Grunde*) et par lequel est déterminé ce dont nous avons besoin pour être contents de notre état. Mais, justement parce que le principe matériel de détermination ne peut être connu qu'empiriquement par le sujet, il est impossible de considérer ce problème comme une loi ; car une loi en tant qu'objective, devrait renfermer, dans tous les cas et pour tous les êtres raisonnables, *le même principe déterminant* de la volonté »[226]. L'idée du bonheur résulte donc des préoccupations de la subjectivité humaine, préoccupations réglées, intéressées, comme le montrent les impératifs de

---

[225] *La religion dans les limites de la simple raison*, p. 24.
[226] *Critique de la raison pratique*, p. 24.

la prudence ; en effet, « le concept du bonheur n'est pas un concept que l'homme abstrait de ses instincts et qu'il extrait de sa propre animalité, mais c'est la simple *Idée* d'un état, à laquelle il veut rendre adéquat cet état sous de simples conditions empiriques (ce qui est impossible) »[227]. L'idée du bonheur est un idéal de l'imagination et non de la raison, idéal incertain et indéterminé, incapable de discerner son objet réel, et de rendre compte de l'universalité rationnelle de la loi morale. L'idée du bonheur ne peut-servir de loi, ni de commandement, susceptibles de conduire une bonne volonté et de réaliser des actions nécessaires en elles-mêmes, sans intérêt et sans inclination. On trouve trop d'éléments empiriques en l'essence du bonheur, concept indéterminé, variable, imprécis :

> « Le concept du bonheur est un concept si indéterminé, que malgré le désir qu'a tout homme d'arriver à être heureux, personne ne peut jamais dire en termes précis et cohérents ce que véritablement il désire et il veut. La raison en est que tous les éléments qui font partie du concept du bonheur sont dans leur ensemble empiriques, c'est-à-dire qu'ils doivent être empruntés à l'expérience, et que cependant pour l'idée du bonheur un tout absolu, un maximum de bien-être dans mon état présent et dans toute ma condition future, est nécessaire. Or il est impossible qu'un être fini, si perspicace et en même temps si puissant qu'on le suppose, se fasse un concept déterminé de ce qu'il veut véritablement. Veut-il la richesse ? Que de soucis, que d'envie, que de pièges ne peut-il pas par là attirer sur sa tête ! Veut-il beaucoup de connaissance et de lumières ? Peut être, cela ne fera-t-il que lui donner un regard plus pénétrant pour lui représenter d'une manière

---

[227] *Critique de la faculté de juger*, p. 240.

d'autant plus terrible les maux qui jusqu'à présent se dérobent encore à sa vue et qui sont pourtant inévitables, ou bien que charger de plus de besoins encore ses désirs qu'il a déjà bien assez de peine à satisfaire. Veut-il une longue vie ? Qui lui répond que ce ne serait pas une longue souffrance ? Veut-il du moins la santé ? Que de fois l'indisposition du corps a détourné d'excès où aurait fait tomber une santé parfaite, etc. ! Bref il est incapable de déterminer avec une entière certitude d'après quelque principe ce qui le rendrait véritablement heureux : pour cela il lui faudrait l'omniscience. On ne peut donc pas agir, pour être heureux, d'après des principes déterminés, mais seulement d'après des conseils empiriques, qui recommandent, par exemple, un régime sévère, l'économie, la politesse, la réserve, etc., toutes choses qui, selon les enseignements de l'expérience, contribuent en moyenne pour la plus grande part au bien être… Le problème qui consiste à déterminer d'une façon sûre et générale quelle action peut favoriser le bonheur d'un être raisonnable est un problème tout à fait insoluble »[228].

Nous remarquons là le caractère insaisissable de l'idée du bonheur, la multiplicité de sens qu'elle comporte. Inhérent aux données empiriques, le bonheur est indéfinissable et, naturellement, sa cohabitation avec la

---

[228] *Fondements de la métaphysique des mœurs*, p. 90-91. Le bonheur que Freud considère comme commandé par le "principe du plaisir", « qui détermine le but de la vie, qui gouverne dès l'origine les opérations de l'appareil psychique », ne procure que l'illusion d'un "désir d'éternité" comme le proclame Ferdinand Alquié : « Ce qu'on nomme bonheur, au sens le plus strict, résulte d'une satisfaction plutôt soudaine de besoins ayant atteint une haute tension, et n'est possible de par sa nature que sous forme de phénomène épisodique. Toute persistance d'une situation qu'a fait désirer le principe du plaisir n'engendre qu'un bien-être assez tiède », *Malaise dans la civilisation*, Paris, P.U.F. 9e édition, 1983, p. 20.

vertu dans la réalisation du souverain bien est problématique.

Comment une raison pratique peut-elle réaliser son concept du Souverain Bien (totalité de l'objet de la raison pure pratique), alors que la recherche du bonheur se rapporte directement aux penchants de la sensibilité, donc ne pouvant en aucun cas fonder ou constituer une loi pratique ?

La véritable idée du bonheur suppose la réconciliation de la nature et de la liberté, de la sensibilité et de la raison universelle ; une situation qui exige le dépassement du dualisme des inclinations naturelles et de la volonté pure, leur synthèse et leur unification en la totalité de l'objet de la raison pratique, c'est-à-dire le souverain bien.

En effet, la possibilité du souverain bien, nécessaire *a priori*, et dont la déduction est transcendantale, repose sur la synthèse des deux éléments unis en son concept : deux éléments à tout point de vue inconciliables, participant de notre existence intelligible et de notre existence sensible. Cela produit, inévitablement, la *dialectique de la raison pratique*, car l'investigation qui déterminerait le rapport de causalité entre la vertu et le bonheur donnerait véritablement naissance à une *antinomie.* « Ainsi la question de savoir *comment le souverain bien est pratiquement possible*, demeure toujours encore, en dépit de tous les *essais d'assimilation (Coalitions versuche)* tentés jusqu'ici, un problème non résolu »[229]. Même les deux écoles célèbres, épicurienne et stoïcienne, n'ont pas réussi à résoudre ce problème en traitant le rapport de la vertu et du bonheur comme un rapport analytique, et non pas comme un rapport synthétique.

---

[229] *Critique de la raison pratique*, p. 122. A ce propos, Kant va prendre à témoin, l'incapacité selon lui des stoïciens et épicuriens, dans le traitement de cette question de la réalisation du souverain bien.

Selon les Epicuriens par exemple, le concept de la vertu est déjà contenu dans la maxime qui recommande de poursuivre son bonheur personnel : dans ce cas, le bonheur est donc tout le souverain bien, et la vertu réduite à l'ensemble des moyens et des dispositions utilisés pour l'atteindre. Chez les Stoïciens, le sentiment du bonheur est déjà contenu dans la conscience de la vertu : la vertu est donc tout le souverain bien :

> « Les deux écoles cherchant à simuler (*ergrübeln*) l'identité des principes pratiques de la vertu et du bonheur, n'étaient pas pour cela d'accord sur la manière dont elles voulaient produire (*heransawingen*) cette identité, mais elles se séparaient infiniment (*in unendliche Werten*) l'une de l'autre : l'une plaçait son principe du côté des sens (asthetischenl). L'autre du côté logique, l'une le plaçait dans la conscience du besoin sensible, l'autre dans l'indépendance de la raison pratique à l'égard de tout principe sensible de détermination. Le concept de la vertu était déjà d'après l'*épicurien*, dans la maxime qui recommande de travailler à son propre bonheur ; le sentiment du bonheur était au contraire, d'après le *stoïcien*, déjà contenu dans la conscience de sa vertu. Mais ce qui est contenu dans un autre concept est, à vrai dire, identique avec une partie du contenant, mais non identique au tout, et les deux touts (*Ganze*) peuvent en outre être spécifiquement différents l'un de l'autre, quoi qu'ils soient formés de la même matière (*stoffe*), si les parties sont dans l'un et dans l'autre réunies en un tout d'une façon tout à fait différente. Le stoïcien soutenait que la vertu est *tout le souverain bien* et que le bonheur n'est que la conscience de la possession de la vertu, en tant qu'appartenant à l'état du sujet. L'épicurien soutenait que le bonheur est *tout le souverain bien* et que la vertu

> n'est que la forme de la maxime à suivre pour l'acquérir, c'est-à-dire qu'elle ne consiste que dans l'emploi rationnel des moyens de 1'obtenir »[230].

Les écoles stoïcienne et épicurienne ont donc été incapables de réaliser cette liaison de la vertu et du bonheur dans le souverain bien. Qu'ils partent des mobiles sensibles ou des principes intellectuels de détermination, toute unité entre la vertu et le bonheur est évacuée, toute liaison causale et véridique supprimée. Ainsi, la réalisation du souverain bien pose des problèmes, car les maximes de la vertu et du bonheur relèvent de principes totalement différents.

Comment résoudre l'*antinomie de la raison pratique* ? Pour qu'il y ait possibilité du souverain bien (accord de la vertu et du bonheur), il faut une liaison synthétique, c'est-à-dire : « il faut donc ou que le désir du bonheur soit le mobile (*Bewegursache*) des maximes de la vertu, ou que la maxime de la vertu soit la cause efficiente du bonheur »[231]. Les deux voies, comme nous le remarquons, sont impraticables. Premièrement, les données empiriques ne peuvent pas déterminer une bonne volonté, parce qu'elles ne sont pas du tout morales. Deuxièmement, la vertu est subordonnée à la loi morale, tandis que le bonheur dépend de la nature.

Seulement cette antinomie peut être résolue comme dans la *Critique de la raison pure* en se situant au plan de la distinction du monde sensible et du monde intelligible. En effet, d'après la *Solution critique de l'anitinomie de la raison pratique*, la conception qui fait dériver la vertu de la recherche du bonheur est *absolument fausse*, mais la conception qui fait dériver le bonheur de la vertu n'est *fausse*, que d'une manière conditionnelle, et peut donc être

---

[230] *Critique de la raison pratique*, p. 121.
[231] *Critique de la raison pratique*, p. 122.

admise comme vraie. Penser que la vertu engendre le bonheur ne serait faux que si l'on admettait l'existence dans le monde sensible comme le seul mode d'existence possible, « mais comme je suis non seulement autorisé à concevoir mon existence comme noumène dans un monde de l'entendement, mais que j'ai même dans la loi morale un principe de détermination purement intellectuel de ma causalité (dans le monde sensible), il n'est pas impossible que la moralité de l'intention ait une connexion (*Zusammenhang*) nécessaire, sinon immédiate, du moins médiate (par l'intermédiaire d'un auteur intelligible de la nature) comme cause, avec le bonheur comme effet dans le monde sensible »[232]. Il ne s'agit pas du tout de la vertu, engluée et enchevêtrée dans le monde des phénomènes qui engendre le bonheur, mais plutôt d'une cause suprême, nouménale en rapport avec la vertu.

Donc, pour que le souverain bien se réalise, certaines conditions exigées par la raison pratique doivent être données ; Kant appelle ces conditions *postulats* de la raison pure pratique ; ils n'ont pas de lien avec la raison théorique et ne peuvent être démontrés dans l'expérience vulgaire. Le premier de ces postulats est l'*immortalité de l'âme.*

5.2.1. L'immortalité de l'âme

Nous savons que la condition suprême du souverain bien est la vertu, c'est-à-dire le moment où il y a accouplement (sans faille) et conformité totale de nos intentions à la loi morale. Cependant, une telle volonté ne saurait se produire chez l'homme tourné vers les phénomènes. Ce n'est qu'une volonté parfaite, sainte, qui pourrait atteindre l'idéal de perfection, la sublime et totale conformité à la loi morale.

---

[232] *Critique de la raison pratique*, p. 124.

Ainsi l'homme recherche toujours dans sa vie un *perfectionnement sans fin*, s'arrache avec opiniâtreté à la nature, et tente péniblement de se rapprocher de cet idéal de sainteté et de perfection morale[233]. Ce *progrès allant à l'infini*, à *l'inconditionné* n'est possible que dans la supposition de l'immortalité de l'âme :

> « La réalisation du souverain bien dans le monde est l'objet nécessaire d'une volonté qui peut être déterminée par la loi morale. Mais dans cette volonté (*indiesen*) la *conformité complète* des intentions à la loi morale est la condition suprême du souverain bien. Elle doit donc être possible aussi bien que son objet, puisqu'elle est contenue dans l'ordre même de réaliser ce dernier. Or la conformité parfaite de la volonté à la loi morale est la *sainteté*, une perfection dont n'est capable, à aucun moment de son existence, aucun être raisonnable du monde sensible. Comme cependant elle n'en est pas moins exigée comme pratiquement nécessaire, elle peut seulement être rencontrée dans un *progrès allant à l'infini* vers cette conformité parfaite… Or ce progrès indéfini n'est possible que dans la supposition d'une *existence* et d'une personnalité de l'être raisonnable persistant *indéfiniment* (ce que l'on nomme l'immortalité de l'âme). Donc le souverain bien n'est

[233] « Nous *élever* à cet idéal de perfection morale c'est-à-dire à l'archétype de l'intention morale dans toute sa pureté, voilà le devoir général de l'humanité et cette idée même qui nous est proposée comme modèle à atteindre par la raison, peut nous en donner la force. Or, précisément parce que nous n'en sommes pas les auteurs et qu'elle a pris place dans l'homme sans que nous comprenions comment la nature humaine a seulement pu être susceptible de l'accueillir, il vaut mieux dire : que cet archétype est *descendu* du ciel vers nous, qu'il a revêtu l'humanité (car il n'est pas possible de se représenter aussi bien comment l'homme, mauvais par nature, dépouillant spontanément le mal, pourra s'élever à l'idéal de la sainteté que de se représenter l'archétype revêtant l'humanité ». *La Religion dans les limites de la simple raison*, p. 85-86.

pratiquement possible que dans la supposition de l'immortalité de l'âme, par conséquent celle-ci, comme inséparablement liée à la loi morale, est un *postulat* de la raison pure pratique »[234].

Quand au deuxième postulat de la raison pratique, l'*existence de Dieu*, il concerne la réalisation du second élément dont est constitué le souverain bien, c'est-à-dire le bonheur.

*5.2.2. L'existence de Dieu**

A l'instar de l'immortalité de l'âme, l'*existence de Dieu* est aussi l'une des conditions de la possibilité du souverain bien : Dieu seul peut garantir l'homme d'un bonheur proportionné à sa moralité. En effet, « le *bonheur* est l'état dans le monde d'un être raisonnable, à qui, dans tout le cours de son existence, *tout arrive suivant son souhait et sa volonté* ; il repose donc sur l'accord de la nature avec le but tout entier qu'il poursuit (*Zu seinem ganzen Zwecke*), et aussi avec le principe essentiel de détermination de sa volonté »[235]. Le problème concerne l'harmonie, l'adéquation ou l'équilibre –pour ne pas dire l'accord– qui devrait se faire entre le déterminisme de la nature (les désirs de l'homme et tous ses besoins) d'une part, et la loi pratique (morale) d'autre part. En effet l'homme ne peut renoncer à son existence matérielle, agréable à sa volonté. Ce penchant justifie d'ailleurs son adhésion à toute sorte de désirs qui procurent l'illusion du contentement éternel,

---

[234] *Critique de la raison pratique*, p. 131-132.

[235] *Critique de la raison pratique*, p. 134.

* Le développement qui suit sur Dieu ainsi que celui qui concerne le chapitre prochain sur la liberté, développement qui s'appuie en partie sur l'intuition éclairante d'Eric Weil, a déjà été exécuté dans notre petit livre de synthèse sur Kant, *Emmanuel Kant. Introduction à sa Philosophie Critique* (Editions Paari, Paris, 2003). La réedition attendue est en cours.

passager et exclusif. Mais étant aussi un être raisonnable doué d'une volonté pratique, il doit obéir à la loi morale.

Comment peut-il réaliser cette harmonie nécessaire pour la réalisation du souverain bien ? L'homme n'est ni l'auteur, ni le créateur de la nature ; ce qu'il appréhende, c'est son apparition comme phénomène. Donc en tant qu'être raisonnable fini, il ne peut pas faire en sorte que la nature soit en harmonie avec ses désirs au moment où il obéit au devoir, précisément lorsque la loi morale s'impose à lui. Or dans la réalisation du souverain bien cette harmonie est nécessaire. Pour cela il faut concevoir une cause nouménale qui crée la nature et qui favorise un accord entre la loi morale et elle. Cette cause supra-sensible, qui est en même temps le créateur du monde, c'est Dieu comme intelligence et volonté :

> « L'idée d'une telle intelligence, où la volonté, la plus parfaite moralement, jouissant de la souveraine félicité, est la cause de tout bonheur dans le monde, en tant que ce bonheur est en rapport étroit avec la moralité (c'est-à-dire, avec ce qui rend digne d'être heureux), cette idée, je l'appelle l'*idéal du souverain bien*. La raison pure ne peut donc trouver que dans l'idéal du souverain bien *originaire* le principe de connexité pratiquement nécessaire des deux éléments du souverain bien dérivé, c'est-à-dire d'un monde intelligible ou *moral*. Or, comme nous devons nous représenter nous mêmes, d'une manière nécessaire, par la raison, comme faisant partie d'un monde de ce genre, bien que les sens ne nous présentent qu'un monde de phénomènes, nous devons admettre ce monde, comme une conséquence de notre conduite dans le monde sensible, et puisque ce dernier ne nous offre pas une telle liaison, comme un monde à venir pour nous. Dieu et une vie future sont donc, suivant les principes de la

> raison pure, deux suppositions inséparables de l'obligation que nous impose cette même raison »[236].

Ainsi en créant l'univers, Dieu ne se fixe pas comme but le bonheur des hommes, mais uniquement le souverain bien ; et le bonheur de l'humanité dépend de l'importance qu'elle attache à la moralité :

> « On peut voir aussi par là que si l'on demande quel est le *dernier but de Dieu* dans la création du monde, on ne doit pas nommer le *bonheur* des êtres raisonnables en ce monde, mais le *souverain bien* qui, à ce désir des êtres, ajoute encore une condition, celle d'être dignes du bonheur, c'est-à-dire la *moralité* même de ces êtres raisonnables, qui seule renferme la mesure d'après laquelle ils peuvent espérer, par la main d'un *sage* auteur, d'avoir part au bonheur. Car, puisque la *sagesse*, considérée théoriquement, signifie la *connaissance du souverain bien*, et considérée pratiquement, la *conformité de la volonté au souverain bien*, on ne peut attribuer à une sagesse suprême et indépendante (*selbständigen*) un but qui serait simplement fondé sur la *bonté*. Car on ne peut se représenter l'effet de la bonté (relativement au bonheur des êtres raisonnables) que sous les conditions restrictives de l'accord avec la *sainteté* de sa volonté comme conforme au souverain bien primitif »[237].

C'est ainsi que s'élabore l'idée relevant de l'intelligence suprême, l'idée du souverain bien, l'idée de Dieu, l'idée de l'Etre nécessaire ; cela partant du refus de la connaissance, refus du fini, dans la perspective d'embrasser la finalité parfaite, la moralité pure, car :

---

[236] *Critique de la raison pure*, p. 546.
[237] *Critique de la, raison pratique*, p. 140.

« Il est nécessaire que toute notre manière de vivre soit subordonnée à des maximes morales ; mais il est en même temps impossible que cela ait lieu, si la raison ne lie pas à la loi morale, qui n'est qu'une simple idée, une cause efficiente qui détermine, d'après notre conduite par rapport à cette loi, un dénouement correspondant exactement, soit dans cette vie, soit dans une autre, à nos fins les plus élevées. Sans un Dieu et sans un monde actuellement invisible pour nous, mais que nous espérons, les magnifiques idées de la morale pourraient bien être des objets d'assentiment et d'admiration, mais ce ne sont pas des mobiles d'intention et d'exécution, parce qu'elles ne remplissent pas toute la fin qui est assignée naturellement *a priori* précisément par cette même raison à tout être raisonnable et qui est nécessaire »[238].

Dieu en tant que volonté toute puissante et en tant que réalité infinie, rend possible le doute, l'angoisse existentielle. C'est en vue de cette totalité que l'homme, selon Eric Weil, pose la question du sens et qu'il se comprend intérieurement.

« L'être agissant est essentiellement limité : non limité, omniscient, tout-puissant, il n'aurait ni raison ni occasion d'agir, de choisir et de prendre des décisions, situations qui présupposent l'hésitation devant ce qui n'est jamais totalement connu, encore moins totalement dominé. Aussi Dieu crée-t-il dans l'intemporel et ne crée-t-il que les choses-en-soi, les volontés raisonnables et finies, il n'agit pas dans le monde phénoménal et sur ce monde. L'homme, limité et libre, animal raisonnable, est exposé à tous les risques de la connaissance finie et

[238] *Critique de la raison pure*, p. 547.

de la condition terrestre : le résultat de ses choix ne dépend pas de lui ; sa connaissance de la nature reste imparfaite, incomplète ; ses propres motivations même lui demeurent inconnaissables. Or, c'est précisément cette limitation qui fait la grandeur, la noblesse, la dignité de l'animal raisonnable ; s'il connaissait ses propres dispositions, s'il avait une connaissance exhaustive de la marche du monde, il ne serait plus question de décision pour lui, et le choix lui serait imposé ; c'est son ignorance au niveau des faits qui, sur le plan de la pratique le rend maître du sens »[239].

L'unité de l'homme dépend donc de l'intérêt que l'on accorde aux valeurs et ne saurait se concevoir sans le sens que l'homme lui-même par son action, par l'autonomie de sa volonté, pose et établit pour rendre sa vie cohérente, sensée, raisonnable et toujours humaine, toujours universelle. Il faut que l'homme se donne une loi, cette épreuve prend naissance dès qu'il s'arrache à la nature en cherchant à s'élever, à sortir de la léthargie de la caverne, pour aller vers l'inconnaissable, vers la moralité, vers l'idée de Dieu.

On ne peut puiser l'idée de Dieu, ou bien les principes qui fondent la moralité dans l'expérience ; ce serait incompatible avec l'idéal du souverain bien. Même si nous ne rencontrons pas Dieu dans notre existence, devant notre finitude et, en vertu de notre qualité d'êtres raisonnables, nous ne pouvons pas nous empêcher de nous représenter sa toute puissance par l'idée que nous nous faisons de lui.

5.2.3. La liberté

Le troisième postulat est celui de la liberté. La solution de ce dernier esquissée par exemple dans la première *Critique* passe fondamentalement par l'examen de la

---

[239] Eric Weil, *O.C.*, p. 96-97.

troisième antinomie de la raison pure, examen qui pose concrètement le problème de la nature et de la liberté, il débouche essentiellement sur l'éducation morale, sur les valeurs universelles, etc. Précisons le sens du postulat de la liberté.

En séjournant à l'intérieur des facultés de l'esprit, nous pourrons savoir la manière dont s'organise et s'élabore la connaissance, du divers de l'intuition (sa synthèse par l'imagination) jusqu'à l'unité de la conscience, le *Je pense*. Nous ne connaissons les choses que de la manière dont elles apparaissent, « toute connaissance spéculative de la raison se réduit aux seuls objets de l'expérience »[240] dit Kant ; ce que nous connaissons, ce sont les phénomènes, mais la chose en soi est inconnaissable. Notre connaissance ne peut être que sensible.

La question que nous devrions nous poser est celle de savoir ce qu'est la chose en soi, ce qu'elle signifie pour le sujet empirique, et comment elle peut conduire à la liberté.

En effet, si notre connaissance est limitée aux phénomènes, si Kant limite la raison pure aux bornes de la sensibilité, la conscience de cette finitude implique l'idée d'un inconnaissable, l'idée de l'absolu. S'il est impossible d'expliquer ou d'appréhender les noumènes, pourquoi en parlons-nous ? En fait, selon Kant, si nous ne connaissons pas les objets comme choses en soi, nous pouvons les penser comme tels, l'essentiel est de ne pas se contredire. Cela montre véritablement la dépendance du phénomène à l'égard de la chose en soi ; on ne peut concevoir le phénomène sans référence à la chose en soi, qui apparaît *a fortiori* comme un inconditionné, voire la cause de nos impressions.

La connaissance étant donc sensible, quelque chose qui est en dehors des phénomènes se pose comme fondement, et ce quelque chose doit lui correspondre. L'argument est

[240] *Critique de la raison pure*, traduction de J. Barni, p. 46.

longuement développé dans les *Prolégomènes*. Kant insiste sur le caractère inéluctable de la chose en soi.

Le phénomène en tant que représentation est susceptible d'être transformé, devenir une nature, un objet d'expérience possible grâce à l'unité de l'aperception transcendatale. Cependant, ce que nous savons de lui, ce n'est que la forme de son apparition, et non ce qu'il est en soi, son essence nous échappe et nous ne pouvons rien en conclure. Cela nous amène à admettre l'idée d'un inconnaissable, l'idée de l'être de ces phénomènes, de leur fondement, de la chose en soi, l'idée de liberté. « L'entendement donc, justement parce qu'il accepte des phénomènes, reconnaît aussi par là l'existence de choses en soi, et dès lors nous pouvons dire que la représentation de ces êtres qui servent de fondement aux phénomènes, donc de purs êtres intelligibles, n'est pas seulement admissible, mais encore inévitable »[241]. Lorsque nous affirmons que la connaissance est relative aux phénomènes, aux objets qui apparaissent selon les formes spatio-temporelles, nous ne pouvons pas nous empêcher de penser à la nature de ces objets, telle qu'elle est indépendamment de notre mode de connaissance. D'ailleurs « le mot phénomène indique déjà une relation à quelque chose dont la représentation immédiate est sans doute sensible, mais qui, en soi, même sans cette constitution de notre sensibilité (sur laquelle repose la forme de notre intuition), doit être quelque chose, c'est-à-dire un objet indépendant de la sensibilité »[242]. C'est pourquoi la raison cherche à concevoir l'inconditionné, à atteindre les noumènes, « la pensée de quelque chose où je fais abstraction de toute forme de l'intuition sensible »[243].

---

[241] *Prolégomènes*, p. 88-89.
[242] *Critique de la raison pure*, p. 226.
[243] *Critique de la raison pure*, p. 226.

La *Critique* nous invite à distinguer penser et intuitionner, à reconnaître qu'il y a une différence entre le phénomène et la chose en soi. Cette mise au point à titre propédeutique, empêche de suivre une "marche détestable" comme en métaphysique. Le problème sans cesse soulevé, celui de l'usage objectif des concepts, à bien des égards, trouve sa solution uniquement dans la synthèse du divers de l'intuition ; en dehors de la sphère spatio-temporelle, la raison pure démunie, voyage dans le vide et sort de cette incompréhension complètement méconnaissable ; si l'on fait donc abstraction de ce mode de connaissance, le concept n'aura plus de contenu et de rapport quelconque avec l'objet.

La réalité du monde (la réalité scientifique en tout cas) est confirmée par l'usage des catégories, à partir du donné de l'expérience, dont l'unification suprême dans une aperception pure est significative de quelque chose comme un tout du phénomène, de la totalité structurée. La critique est l'alternative possible pour arrêter la raison qui se livre à la spéculation, car elle découvre les sources de l'erreur, l'apparence transcendatale ; bref les divagations de la métaphysique et ses supputations de persister dans la preuve ontologique.

En effet, l'absence d'une critique préalable peut être fatale aux lumières, dans la mesure où l'on confondrait par exemple, nature et liberté, où l'on occulterait l'évidence même de l'intelligibilité des noumènes et la nécessité du déterminisme universel ; en d'autres termes, on pourrait créer une situation telle qu'on étendrait « à toutes les choses en général, considérées comme causes efficientes, le principe de causalité et, par conséquent le mécanisme naturel (comme élément essentiel) de leur détermination »[244] : On ferait prévaloir une sorte de réalisme transcendantal, ou encore, on assisterait au

[244] *Critique de la raison pure*, traduction de Jean Barni, p. 47.

triomphe de la nature excluant l'idée d'une cause supérieure, l'idée de l'inconditionné ; la nature serait la cause parfaite de tous les phénomènes, il n'y aurait plus de choses en soi, les phénomènes étant pris et tenus pour les noumènes ; et quant à la faculté de commencer par soi-même une série d'événements (la liberté en d'autres termes) n'étant plus pensable, tout serait ramené à la causalité naturelle, car on ne pourrait plus concevoir une fuite quelconque de l'homme hors du temps.

Il faut donc distinguer le phénomène de la chose en soi, cette séparation n'est possible qu'en soumettant l'esprit à la critique, et ce n'est que dans cette perspective qu'on peut saper les fondements de l'opinion et les racines du dogmatisme dans les sciences de l'être. La condition essentielle quant à une approche exacte de la question est de « prendre l'objet en *deux sens différents*, c'est-à-dire comme phénomène et conme chose en soi »[245].

Ainsi pouvons-nous aborder sans ambiguïté le domaine des noumènes, de la liberté, le domaine de l'inconnaissable qui exclut l'objet d'expérience et la nature sensible, nous interroger sur la *troisième antinomie de la raison pure* et élucider le fondement du postulat de la liberté.

> « *Penser* un objet et *connaître* un objet, ce n'est donc pas la même chose. A la connaissance, en effet, appartiennent deux éléments : premièrement le concept, par lequel en général, un objet est pensé (la catégorie), et secondement l'intuition, par laquelle il est donné ; car si une intuition correspondante à ce concept ne pouvait pas du tout être donnée, ce concept serait bien une pensée, quant à la forme, mais il n'aurait aucun objet et par lui ne serait possible absolument aucune connaissance de n'importe quelle chose, parce qu'il n'y *aurait*, que je sache, ni ne *pourrait* y avoir rien à quoi

---

[245] *Critique de la raison pure*, traduction de Jean Barni, p. 47.

ma pensée put être appliquée. Or, toute l'intuition possible pour nous est sensible (Esthétique) ; donc la pensée d'un objet en général ne peut devenir en nous connaissance, par le moyen d'un concept pur de l'entendement, qu'autant que ce concept se rapporte aux objets des sens »[246].

A la lumière de ce que nous venons de voir, il est évident que la *Critique* confirme avec clarté l'opposition radicale entre penser et intuitionner, en tout cas, elle nous invite à reconnaître qu'il y a une différence entre le phénomène et la chose en soi, c'est-à-dire que l'objet doit être pris en "*deux sens différents*". D'un côté comme phénomène, ce qui apparaît à la sensibilité et que nous connaissons en tant qu'objet d'expérience par l'opération des catégories intellectuelles. De l'autre, la chose en soi existant indépendamment de nous et qui est inconnaissable (la chose en soi peut être pensée sans contradiction).

Cette distinction fait apparaître une dualité incontournable. Selon Kant, « la *nature* est l'existence des choses en tant que celle-ci est déterminée suivant des lois universelles »[247] ; nous nous situons ici au plan de l'entendement qui légifère souverainement dans la connaissance ; à ce niveau d'ailleurs, la nature se règle sur le principe subjectif d'aperception qui la fonde, lui confère une unité et fait d'elle un objet d'expérience possible. Donc en tant que représentation de l'esprit (à titre de phénomène) la nature est opposée à la chose en soi, car celle-ci exige en effet une causalité libre. Finalement deux conceptions du monde s'affrontent, la première soutient que tout est naturellement déterminé dans le monde ; et l'autre qu'il y a des causes libres, c'est-à-dire que la raison

---

[246] *Critique de la raison pure*, traduction de T. et Pacaud, p. 124.
[247] *Prolégomènes*, p. 61.

humaine suppose l'obéissance à la loi et au devoir, la responsabilité et la liberté raisonnable.

Résumons-nous : Le monde des phénomènes est celui du déterminisme universel (le domaine de la nature) où les choses s'enchaînent selon la loi de causalité. Cette loi montre qu'il n'y a pas de hasard, mais une suite nécessaire de phénomènes dans le temps ; elle explique à la fois la signification et l'objectivité du monde, l'obéissance du réel au principe de causalité. D'autre part nous avons l'univers de la chose en soi qui est celui de la liberté où l'on conçoit uniquement des causes libres :

> « Je puis maintenant dire sans contradiction que toutes les actions d'êtres raisonnables en tant qu'elles sont des phénomènes (se trouvent dans quelque expérience) sont soumises à la nécessité de la nature ; mais ces mêmes actions relativement au sujet raisonnable et à la faculté d'agir par raison pure sont libres. Qu'exige en effet, comme condition, la nécessité de la nature ? Rien de plus que la déterminabilité de tout événement du monde sensible par des lois constantes, conséquemment un rapport causal dans le phénomène, la chose en soi, qui en est le fondement, restant inconnue ainsi que la causalité. Mais je dis ceci : la *loi naturelle subsiste*, que l'être raisonnable soit cause des effets dans le monde sensible par raison, donc par liberté, ou qu'il ne les détermine pas en vertu de principes rationnels... La liberté, par suite, ne fait pas d'obstacle à la loi naturelle des phénomènes, pas plus que celle-ci à la liberté dans l'usage pratique de la raison, lequel est en relation avec les choses en soi comme principes déterminants »[248].

---

[248] *Prolégomènes*, p. 129-130.

Première conséquence : L'homme en tant qu'être biologique appartient au monde des phénomènes, « l'homme est un des phénomènes du monde sensible et, à ce titre, il est aussi une des causes naturelles dont la causalité doit être soumise à des lois empiriques. Comme tel, il doit donc avoir aussi un caractère empirique, comme toutes les autres choses de la nature. Nous remarquons ce caractère par les forces et les facultés qu'il manifeste dans ses effets. Dans la nature inanimée ou simplement animale, nous ne trouvons aucune raison de concevoir quelque autre pouvoir que ceux qui sont conditionnés d'une manière simplement sensible »[249]. Les actes que l'homme pose, actes qui se manifestent dans le monde des phénomènes, sont strictement déterminés suivant des lois universelles ; car « d'après son caractère empirique, le sujet serait donc, comme phénomène, soumis à toutes les lois de la détermination opérée par la liaison causale, et il ne serait, à ce titre, qu'une partie du monde sensible dont les effets, comme tout autre phénomène, découleraient inévitablement de la nature »[250]. Au niveau donc où opère et s'exerce la causalité naturelle, la liberté est exclue, impensable ; il y a disparition de toute volonté libre, tout est détermination, subordination, suivant les règles de l'entendement.

Deuxième conséquence : en tant qu'être raisonnable, et d'après son caractère intelligible, « le même sujet devrait néanmoins être affranchi de toute influence de la sensibilité et de toute détermination par des phénomènes »[251], car il se connaît aussi par simple aperception. Ainsi, « il est assurément pour lui-même, d'un côté, phénomène, mais, de l'autre, au point de vue de certaines facultés, il est un objet simplement intelligible,

---

[249] *Critique de la raison pure*, p. 401.
[250] *Critique de la raison pure*, p. 398.
[251] *Critique de la raison pure*, p. 398.

puisque son action ne peut pas du tout être attribuée à la réceptivité de la sensibilité »[252]. L'homme est donc un animal libre, qui échappe à la condition temporelle parce qu'il possède un moi situé au-delà de toute détermination empirique.

Toutefois, ce caractère intelligible quoique inconnu est pensable, comme nous avons la possibilité de concevoir l'objet transcendantal. Puisque l'homme prend conscience de sa destinée, de son existence entière, il se pense donc comme libre, comme être raisonnable au-dessus de lui-même. Kant dit par exemple : « A présent nous voyons bien que lorsque nous nous pensons comme libres, nous nous transportons dans le monde intelligible comme membres de ce monde et nous reconnaissons l'autonomie de la volonté avec sa conséquence, la moralité »[253]. La liberté est donc possible en dehors de la connaissance, nous n'intuitionnons que les phénomènes, l'homme en tant que phénomène est déterminé, mais en tant que chose en soi est libre.

Cette confrontation éclaire dans toute sa dimension le problème de la raison pure, en tout cas, montre au moins les difficultés qui résulteraient de la conquête de la liberté par intuition pure, ou bien sa définition par notre mode de réceptivité[254].

Le résultat auquel aboutit la première *Critique* ne fait que confirmer la pertinence des premières intuitions kantiennes qui montraient suffisamment que l'on ne pouvait envisager une source unique de la connaissance humaine, qu'il y avait une différence de nature et non de degré entre

---

[252] *Critique de la raison pure*, p. 401-402.

[253] *Fondements de la métaphysique des mœurs*, p. 136.

[254] « C'est pourquoi toute définition de la liberté donnera raison au déterminisme dit Bergson –toutes les difficultés du problème, et le problème lui-même, naissent de ce qu'on veut– rendre l'idée de liberté dans une langue où elle est évidemment intraduisible ». *Essai sur les données immédiates de la conscience*, Paris, P.U.F., 144e éd. 1970, p. 165-166.

l'entendement et la sensibilité. Cette problématique a été étendue à la liberté et à la nécessité naturelle.

Seulement des interrogations demeurent et créent des difficultés considérables du point de vue de la compréhension de cette opposition nature liberté : l'homme qui demeure enchaîné est aussi considéré comme conscience libre, comme chose en soi. Faut-il sauvegarder la coexistence des deux causalités ? Qu'advient-il à la moralité pure et à la liberté lorsque le sujet subit l'influence des lois naturelles dans une action où il est supposé être à la fois raisonnable ; par exemple ?

> « Quand je dis, d'un homme qui commet un vol, que cette action est, d'après la loi naturelle de la causalité, un résultat nécessaire des principes déterminants du temps qui a précédé, c'est qu'il était donc impossible qu'elle n'eût pas lieu. Comment donc puis-je, en jugeant d'après la loi morale, faire ici un changement et supposer que l'action aurait pu cependant être omise, parce que la loi dit qu'elle aurait dû l'être ? C'est-à-dire comment peut-on appeler tout à fait libre un homme au même moment et relativement à la même action dans laquelle il est soumis à une nécessité naturelle inévitable ? »[255].

Il est vrai que l'on ne peut parler de succession, d'enchaînement empirique, de durée dans le monde intelligible (facteurs qui définissent le monde sensible où tout est déterminé) ; pourtant ce monde-ci est une copie informe de l'au-delà ; -par conséquent il dérive bien du monde intelligible que nous postulons et réclamons avec tant de forces, tant d'espérance, un monde qui est l'expression de notre liberté, de notre autonomie à l'égard des penchants ; en d'autres termes une "communauté

---

[255] *Critique de la raison pratique*, p. 101-102.

supérieure", « une connaissance qui serait la détermination intégrale des choses en soi, une volonté sacrée pour laquelle il n'y aurait plus d'impératif ni de devoir, mais seulement une activité libre et réellement conforme à la communauté »[256]. Il s'agit donc d'un monde de décisions qui témoigne de l'unité du sujet, l'unité du sujet avec le monde, « car la vie sensible a, par rapport à la conscience intelligible de son existence (de la liberté), l'unité absolue d'un phénomène (*phänonmens*) qui, en tant qu'il contient simplement des phénomènes (*Erscheinungen*) de l'intention qui concerne la loi morale (du caractère) ne doit pas être jugé d'après la nécessité naturelle qui lui appartient comme phénomène, mais d'après la spontanéité absolue de la liberté »[257]. Ainsi se conçoit la question de la responsabilité humaine chez Kant, responsabilité individuelle, qui ne peut être attribuée à aucune volonté étrangère, mais à son propre caractère qui émane de sa volonté pratique[258].

Et s'il faut s'en tenir au caractère intelligible et au caractère sensible de l'homme, Dieu n'est pas responsable des actions humaines, puisque le sujet est interpellé éternellement par sa conscience quand il sombre dans la déchéance. L'homme est donc toujours responsable des choix terrestres, particulièrement ceux qui engagent son existence, sa vie propre, qu'il doit réinventer, redéfinir[259].

---

[256] Lucien Goldmann, *Introduction à la philosophie de Kant*, Paris, Gallimard, 1967, p. 303.

[257] *Critique de la raison pratique*, p. 105.

[258] Bergson fait une brillante analyse à propos de la dimension humaine de la liberté, une liberté où s'imbriquent le caractère, le moi, l'acte libre : « nous sommes libres quand nos actes émanent de notre personnalité entière, quand ils l'expriment, quand ils ont avec elle cette indéfinissable ressemblance qu'on trouve parfois entre l'œuvre et l'artiste. En vain on alléguera que nous cédons alors à l'influence toute puissante de notre caractère. Notre caractère, c'est encore nous », *op cit*. p. 129.

[259] Nous reprenons en note ici quelques thèmes de l'existentialisme athée de Jean Paul Sartre abordés dans notre opuscule de synthèse, *Jean Paul Sartre. Introduction à sa Philosophie de l'existence* (Paari, 2001). Une philosophie de

Il n'a pas "d'excuses" dit Sartre ; en posant la question de l'inconnaissabilité de Dieu et de la foi, Kant garantit indubitablement à la pensée l'unité du monde et la possibilité d'une liberté raisonnable, d'une existence sensée ; « en fait si les actions de l'homme, en tant qu'elles appartiennent à ses déterminations dans le temps, n'étaient pas de simples déterminations de l'homme comme phénomène, mais des déterminations de l'homme comme chose en soi, la liberté ne pourrait être sauvée. L'homme serait une marionnette ou un automate de Vancanson, façonné et mis en mouvement par le maître suprême de toutes les œuvres d'art »[260]. Dieu en tant que sujet absolu, est créateur de choses en soi, d'âmes libres, et

la liberté qui établit le primat de l'existence sur l'essence, qui exige de dépasser l'abstrait, dépassement des pensées générales, toutes faites, éternelles, instituées. En effet, Sartre pense que l'existence ne nous est pas donnée, elle est à faire. Aucun absolu ne peut régner sur la conscience humaine ; le monde humain actuellement est un non-sens, car il cède viscéralement à la démesure, victime d'une société aux conventions sans âme, une société qui ne peut atteindre son épanouissement réel. Sartre inscrit donc sa méditation dans une dynamique de l'engagement, dans une quête de la liberté véritable qui n'a de nom que celui que lui donne le sujet qui l'arrache lui-même. Cette conclusion permet à Jean-Paul Sartre dans *L'Existentialisme est un humanisme* de résumer une philosophie qui privilégie la réalité humaine et qui « déclare que si Dieu n'existe pas, il y a au moins un être chez qui l'existence précède l'essence, un être qui existe avant de pouvoir être défini par aucun concept et que cet être c'est l'homme ou, comme dit Heidegger, la réalité humaine », p. 21-22 ; « L'homme se fait ; il n'est pas tout à fait d'abord, il se fait en choisissant sa morale, et la pression des circonstances est telle qu'il ne peut pas ne pas choisir une. Nous ne définissons l'homme que par rapport à un engagement », p. 78. Toute essence est insupportable pour la conscience humaine en devenir et qui s'invente en puisant ses ressources, sa force, dans la réalité concrète ; Sartre a compris les enjeux de cette dialectique vivante qui ne fait à aucun moment appel à une théorie ascendante venant des dieux ou de quelque intelligibilité pure que ce soit. C'est devant son destin, immédiat, direct, qu'il faut faire face à la vie en affrontant rigoureusement l'adversité et les multiples tourments de l'existence temporelle. Conquérir la liberté, c'est aller au-delà des conformismes, des chapelles et des systèmes destructeurs de soi, c'est procéder à la négation de tous les artifices et masques de cette société délinquante et monstrueuse, société aux desseins complètement éloignés des valeurs supérieures de l'humanité.

[260] *Critique de la raison pratique*, p. 107.

raisonnables ; Il ne peut pas être impliqué dans les actions humaines, car le concept même de création concerne le monde intelligible et non l'existence empirique des êtres vivants. Reconnaître l'existence dans le temps, c'est admettre notre constitution subjective comme limitée, comme phénomène, et non comme chose en soi, ce n'est d'ailleurs qu'à cette condition que nous pouvons donner ou accorder une place à la liberté dans le monde, à la responsabilité du moi humain, affirmer la possibilité de cette liberté comme autonomie réelle du sujet raisonnable ; en effet « il en serait tout différemment si les êtres du monde existaient *dans le temps* comme choses en soi, car alors le créateur de la substance serait en même temps l'auteur de tout le mécanisme (*Maschinewesens*) de cette substance »[261].

Ainsi se conçoit ce postulat de la liberté inconnaissable, au même titre que celui de l'existence de Dieu ou de l'immortalité de l'âme, tous se situant en dehors du temps et des limites de la connaissance, « ...nous ne connaissons par là dit Kant, ni la nature de notre âme, ni le monde intelligible, ni l'être suprême, suivant ce qu'ils sont en eux-mêmes, nous n'avons que réuni les concepts de ces choses dans le concept *pratique du souverain bien*, comme objet de notre volonté et complètement *a priori*, par la raison pure, mais seulement au moyen de la loi morale et simplement aussi par rapport à cette loi, en vue de l'objet qu'elle commande »[262].

Nous venons de voir l'intérêt fondamental de la *troisième antinomie de la raison pure* dans la pédagogie kantienne, particulièrement l'enjeu qu'elle représente dans la solution du problème de l'éducation morale, de sa totalisation à partir de l'opposition (dualité) de la nature et de la liberté. Nous avons appris que l'individu humain ne

---

[261] *Critique de la raison pratique*, p. 109.
[262] *Critique de la raison pratique*, p. 143.

pouvait s'élever de l'instinct à la culture sans transcender la nécessité des besoins ; et d'autre part, faisant partie du monde sensible il ne pouvait pas non plus se débarrasser de certaines inclinations naturelles.

Cette coexistence pour le moins complexe et contradictoire, témoigne de la tragédie vivante, réelle, de l'existence humaine partagée entre les intérêts égoïstes de la société humaine et l'aspiration de l'être raisonnable fini à l'intelligible, à la *communauté éthique*. Ainsi pouvons-nous entrevoir la problématique de *De l'inhérence du mauvais principe à côté du bon, ou du mal radical dans la nature humaine*.

5.3. Le mal radical

Dans l'analyse du mal radical, Kant semble concilier tout en essayant de la surmonter, l'une des thèses fondamentales qui sous-tend sa pensée éducative et religieuse : l'existence du mal en ce qui concerne les conduites humaines individuelles et l'idée de l'instauration d'une *Communauté* éthique, obéissant à des *lois morales* ; une *Communauté* éthique nécessaire en effet pour l'être raisonnable qui aspire à la cité éthique fondée en raison, c'est-à-dire sous des lois de vertus[263].

Toutefois au-delà de l'antagonisme des hommes, des ruses de la raison, travaillant à la fois à la consolidation des ambitions, des désirs personnels, et au progrès de l'espèce humaine, la question en effet déterminante est celle de savoir si l'homme est par nature moralement bon ou mauvais ; en d'autres termes « la proposition :

---

[263] « Une cité éthique sous la législation morale de Dieu est une *Eglise* que, en tant qu'elle n'est pas l'objet d'une expérience possible, se nomme l'*Eglise* invisible (simple idée de l'union de tous les honnêtes gens sous le Gouvernement divin universel, immédiat et moral ainsi qu'elle sert d'archétype à toutes celles que les hommes se proposent d'instituer ». *La Religion dans les limites de la simple raison*, p. 136.

L'homme est mauvais, ne peut vouloir dire autre chose d'après ce qui précède que : II a conscience de la loi morale et il a cependant admis dans sa maxime de s'en écarter (à l'occasion). Il est mauvais *par nature* signifie que ceci s'applique à lui considéré en son espèce »[264].

Cette interrogation est d'autant crédible qu'elle se fonde sur cette apparente ambiguïté de la double appartenance de l'homme au bien et au mal, c'est-à-dire que nous trouvons en l'homme une disposition originelle au bien, et un curieux penchant au mal à désirer une jouissance particulière des biens matériels : fruit du désordre et des desseins égoïstes de la subjectivité humaine, responsable sans doute de la corruption des maximes et de la perversion de l'ordre moral des motifs.

De par sa nature profonde marquée par certaines dispositions originaires –l'*animalité* comme amour de soi physique portant sur la conservation de sa vie ; l'*humanité* disposition supérieure à l'être biologique, et spécifiquement raisonnable ; la *personnalité*, disposition morale portant sur la responsabilité et le respect pour la loi morale– l'homme ne peut que tendre vers une législation inconditionnée conduisant au bien et à la confirmation de la loi morale en nous.

D'où vient donc le mal ? Où se trouve la cause du mal ? Elle vient certainement de la sensibilité et des inclinations naturelles qui en dérivent.

Pourtant les inclinations n'ont pas de rapport immédiat au mal, « elles donnent bien plutôt l'occasion d'exercer ce qui peut montrer en toute sa force le caractère moral, c'est-à-dire la vertu »[265]. Pouvons-nous alors dire que le mal a sa cause dans une perversion de la raison dans la mesure où le penchant au mal engage véritablement notre responsabilité ? Là non plus, on ne saurait concevoir une

---

[264] *La Religion dans les limites de la simple raison*, p. 52.
[265] *La Religion*, p. 55.

dépravation de la raison, « car il lui faudrait alors pouvoir extirper en soi l'autorité de la loi même et nier l'obligation qui en dérive : ce qui est impossible »[266]. Par conséquent, l'origine du mal ne peut être imputée à la sensibilité, elle contient trop peu, et ferait du mal un état de pure *animalité* ; ni à la raison qui contenant trop, ferait du mal un état *diabolique* :

> « Donc, pour donner un fondement du mal moral dans l'homme, la *sensibilité* contient trop peu ; car, en ôtant les motifs qui peuvent naître de la liberté, elle rend l'homme purement *bestial* ; mais une *raison* qui libère de la loi morale, maligne en quelque sorte, (une volonté absolument mauvaise) contient trop au contraire, parce que par là l'opposition à la loi serait même élevée au rang de motif (car sans un motif le libre arbitre ne peut se déterminer) et le sujet deviendrait ainsi un être *diabolique*. Aucun de ces deux cas ne s'applique à l'homme »[267].

Dans ces conditions le mal ne s'expliquerait que par le commerce de la sensibilité et de la raison, ou alors par leur opposition éventuellement ; mais précisément le mal est le fruit d'un renversement de l'« ordre moral des motifs » :

> « L'homme (même le meilleur), ne devient mauvais que s'il renverse l'ordre moral des motifs lorsqu'il les accueille dans ses maximes ; à dire vrai, il accueille dans celles-ci la loi morale ainsi que la loi de l'amour de soi ; toutefois, s'apercevant que l'une ne peut subsister à côté de l'autre, mais doit être subordonnée à l'autre, comme à sa condition supérieure, il fait des mobiles de l'amour de soi et de ses inclinations la

[266] *La Religion*, p. 56.
[267] *La Religion*, p. 56.

> condition de l'obéissance à la loi morale alors que c'est bien plutôt cette dernière qui devrait être accueillie comme *condition suprême* de la satisfaction des autres dans la maxime générale du libre arbitre, en qualité de motif unique »[268].

Ainsi, lorsqu'on s'éloigne de la loi morale, en louant les passions par exemple, on ne peut que devenir mauvais. Le mal ne vient donc pas des égarements de la raison humaine, ni des inclinations naturelles, il est le résultat de la transgression de l'« ordre moral des motifs ». L'homme doit donc s'efforcer de dominer ses passions, surveiller ses ardeurs, ses élans, ses transports, les tempérer et les guider convenablement.

Cependant « ce mal est *radical*, dit Kant, parce qu'il corrompt le fondement de toutes les maximes, de plus en tant que penchant naturel, il ne peut être *extirpé* par les forces humaines »[269]. Il s'agit donc là d'une *perversion* radicale du cœur humain qui conduit à considérer l'homme comme un être mauvais par nature, et le mal une perversion des maximes en leur principe. Pourtant cette "radicalité" prise comme telle (et à première vue) pourrait induire en erreur si on interprétait le mal comme un mal absolu, au lieu d'un dérèglement qui trouble et fausse l'impératif moral, subordonne la loi morale à l'amour de soi ; dérèglement qui est perversion innée en l'homme, indéfinissable, inexplicable et non héréditaire (la responsabilité étant totale chez l'homme en ce qui concerne le choix de ses actes).

Le mal est à tout point de vue une tromperie ; en d'autres termes, un mensonge[270], ou un péché qui résulte

---

[268] *La Religion*, p. 57.

[269] *La Religion*, p. 58.

[270] Le mensonge a toujours été pour Kant la preuve de l'animalité indestructible en opposition totale avec la pureté de l'intention morale. « Le mensonge est abandon et pour ainsi dire négation de la dignité humaine. Un

d'un penchant notamment construit et réalisé par un acte non déterminable dans le temps, par une cause intelligible incompréhensible de la liberté. Kant demande que l'on comprenne l'Ecriture dans ce sens :

> « C'est avec quoi s'accorde bien le genre de représentation dont use l'Ecriture pour décrire l'origine du mal comme un *commencement* de ce mal dans l'espèce humaine, en la représentant comme une histoire, en effet où ce qui, suivant la nature de la chose, (sans avoir égard à .une détermination temporelle) doit nécessairement être conçu comme venant en premier lieu, apparaît comme tel dans le temps. D'après elle, le mal n'a pas pour commencement un penchant sur lequel il se fonderait, parce qu'alors son commencement n'aurait pas sa source dans la liberté ; mais bien le *péché*, (et par ce terme on entend la transgression de la loi morale en tant que *commandement divin*) ; quant à la condition de l'homme antérieurement à tout penchant au mal, elle se nomme état d'innocence »[271].

Toutefois l'existence du mal appelle la nécessité en nous du mobile moral ; l'homme n'étant pas corrompu foncièrement, le devoir exige et ordonne de rétablir le mal dans sa pureté absolue, de restaurer la disposition primitive au bien, et c'est cela l'idée de conversion, la conversion morale et religieuse qui permet de résoudre le drame de la chute et la perversité morale provoquée par le péché. Par conséquent il faut une révolution spirituelle :

---

homme qui ne croit pas ce qu'il dit à un autre (même s'il s'agit d'une personne idéale) a encore moins de valeur que s'il n'était qu'une simple chose ». *Doctrine de la vertu, I* partie Liv. I sec. II, §.9, p. 103-104.

[271] *La Religion*, p. 63-64.

> « La restauration en nous de la disposition primitive au bien, n'est donc pas l'acquisition, d'un mobile pour le bien, mobile *perdu* par nous, car ce mobile qui consiste dans le respect de la loi morale, nous n'avons jamais pu le perdre, et c'eût été possible, nous ne pourrions jamais plus de nouveau l'acquérir. II ne s'agit donc que de restaurer la *pureté* du mobile en tant que fondement dernier de toutes nos maximes, et par là même, il doit être accueilli dans le libre arbitre non uni seulement à d'autres mobiles ou peut être même subordonné à eux (c'est-à-dire aux inclinations), comme conditions, mais en toute sa pureté, en qualité de mobile, en soi *suffisant*, de détermination de ce libre arbitre. Le bien originel, c'est la *sainteté des maximes* dans l'accomplissement du devoir ; par là l'homme qui accueille cette pureté dans sa maxime, quoi qu'il ne soit pas encore saint pour cela (car de la maxime à l'action, il y a encore une grande distance), est néanmoins en bonne voie pour s'en rapprocher dans un progrès infini »[272].

La conversion est donc une révolution au plus profond de l'intention humaine, elle suppose le surgissement d'un homme nouveau qui ne résulte pas du tout d'une réforme graduelle et progressive, mais d'une rénovation radicale, d'une révolution dans les mœurs, une révolution qui délivre du mal radical et qui rend compte de l'introduction de la sainteté dans la maxime, du progrès vers le mieux, de la nécessité d'engager la lutte entre le bon et le mauvais principe.

Bref, ce qu'il faut appréhender dans cette analyse de Kant, c'est l'idée d'une montée vers l'idéal de perfection morale, c'est-à-dire accéder à *l'humanité*, à *l'humanité*

---

[272] *La Religion*, p. 69-70.

comme substance raisonnable du monde en général *dans* sa *perfection* morale[273] et cette Idée a sa réalité objective :

> « Sous le rapport pratique cette Idée a sa réalité entièrement en elle-même, Car elle se trouve dans notre raison moralement législatrice. Nous *devons* nous conformer à elle et par suite il faut aussi que nous le *puissions*. S'il fallait prouver auparavant la possibilité d'être un homme conforme à cet archétype, ce qui est absolument nécessaire pour les concepts physiques (afin de ne pas courir le risque d'être arrêté par des concepts vides), il nous faudrait aussi bien hésiter à accorder même à la loi morale, l'autorité d'un principe déterminant absolu, suffisant cependant, pour notre libre-arbitre. En effet, ni la raison ne peut faire comprendre, ni des exemples tirés de l'expérience établir comment il est possible que l'idée seule d'une conformité à la loi en général puisse être pour le libre arbitre un motif plus puissant que tous les motifs imaginables tirés d'avantages quelconques : parce que, en ce qui concerne le premier point, la loi ordonne, sans condition, et en ce qui concerne le second, même, s'il n'avait jamais existé un homme qui eût obéi sans conditions à cette loi, néanmoins, la nécessité objective d'être un tel homme, n'en est pas diminuée et est en soi évidente. Il n'est donc nul besoin d'un exemple tiré de l'expérience pour faire de l'Idée d'un homme moralement agréable à Dieu un modèle pour nous ; car elle se trouve déjà en cette qualité dans notre raison »[274].

Seulement des difficultés existent en ce qui concerne l'élévation de l'homme à l'idéal de l'humanité car « la

[273] *La Religion*, p. 85.
[274] *La Religion*, p. 87.

distance du bien que nous devons réaliser en nous, au mal d'où nous partons, est infinie et à cet égard on ne pourra jamais parvenir au but »[275].

Ainsi s'agira-t-il de faire seulement consister la moralité de l'homme dans l'intention, d'exiger la nécessité d'accorder la conduite à la loi, d'exiger la pureté des intentions et de reconnaître la conversion comme un devoir ; « la solution de ce problème dit Jean Louis Bruch est très simple et consiste à constater que la loi morale définie dans la *Critique de la raison pratique*, qui garantit la liberté morale de l'être autonome, continue à s'imposer à l'homme pécheur. Le fait moral, que Kant avait conçu à l'époque du *Canon de la raison pure* comme un fait empirique, ce qui condamnait toute sa morale à l'hétéronomie, est désormais reconnu comme un fait de la raison. II implique donc un jugement synthétique *a priori* et exige une *Critique de la raison pratique* pour en chercher la possibilité : Celle-ci la fonde en posant le monde intelligible comme condition de la liberté transcendantale, ce qui fonde du même coup l'obligation morale dans toute sa pureté. La raison pure, qui est pratique par elle seule, donne à l'homme une loi universelle, la loi morale »[276].

L'effort continu vers l'accomplissement du progrès moral individuel, la conversion des coeurs, concourent à la création de la cité éthique, de cette *Eglise invisible*[277], une

---

[275] *La Religion*, p. 92.

[276] Jean Louis Bruch, *La philosophie religieuse de Kant*, Paris, Aubier Montaigne, 1968, p. 85.

[277] « L'Eglise invisible est un édifice spirituel ouvert à toutes les bonnes volontés qui voudront s'y agréger. L'action de Dieu y est double : promesse de la béatitude répondant aux aspirations individuelles des êtres raisonnables qui en sont dignes, et union de tous ses membres en vue de la réalisation de la fin intégrale de l'humanité … L'Eglise invisible est donc à la fois le moteur du progrès moral indéfini de l'humanité et le garant de l'espérance individuelle de chacun de ses membres », *La Religion*, p. 172.

Eglise universelle, invariable, unitaire et durable, expression réelle de la fin de l'éducation religieuse, c'est-à-dire du *Triomphe du bon principe sur le mauvais*, de l'*Etablissement d'un Royaume de Dieu sur terre*, régi par les lois éthiques, ne visant que la moralité des intentdons. En d'autres termes, l'éducation religieuse qui a comme tâche d'assurer l'équilibre de l'âme, est l'étape ultime qui concerne non seulement l'accroissement des connaissances et le progrès des lumières, mais primordialement l'élévation à la compréhension du monde comme système et à l'idée de Dieu comme législateur moral unique.

Une fois de plus, la raison sans cesse souveraine (la raison pratique) est rétablie dans ses droits originaires, ceux de la responsabilité morale ; en effet, la conscience humaine est en dernière instance "guide en matière de foi", et seul juge de ses actes face aux influences extérieures, au fanatisme, au faux culte, à la superstition.

Ainsi « dans l'éducation tout dépend de ceci ; il faut partout établir les bons principes et les rendre susceptibles d'être compris et admis par les enfants »[278]. C'est aussi le cas des concepts religieux qui doivent être instruits dès le jeune âge dit Kant, malgré ses réserves sur l'enseignement de la théologie aux enfants. Il considère d'ailleurs cette procédure inefficace, car elle compromet l'entendement des enfants qui n'est pas encore exercé et formé au Bien. Les enfants pense-t-il n'ont aucune éducation de la nature et ne sont pas en mesure d'apprécier la fécondité et la complexité des principes théologiques.

Toutefois ce qui est premier et fondamental, c'est le devoir, conduire l'enfant vers la pénétration de l'idée du devoir, vers la représentation des devoirs comme des commandements divins. Les enfants se font généralement une image de Dieu, on exploitera avec fruit cette donnée en les incitant à se représenter l'être omniscient, sur le

---

[278] *Réflexions sur l'éducation*, p. 142.

modèle du père de famille : « La meilleure manière de rendre clair le concept de Dieu serait une analogie avec le père sous la garde duquel nous vivons ; on peut ainsi montrer avec beaucoup de fruit l'unité des hommes conçus comme formant une famille »[279]. Seulement il faudra fonder les idées religieuses sur la morale, plus conséquente, universelle touchant la personnalité et la nature raisonnable de l'être humain. Donc du point de vue heuristique, l'accent doit être mis préalablement sur l'idée du devoir qui permettra d'élever l'enfant au concept de Dieu, et à la religion conforme aux normes de la raison et de la loi morale. Dans tous les cas « la religion est la loi qui est en nous »,[280] et « c'est une morale appliquée à la connaissance de Dieu »[281] ; par conséquent « la moralité doit donc être première et la théologie doit la suivre et c'est ce que l'on appelle religion »[282].

II faut donc privilégier la moralité. Il ne peut y avoir de "connaissance" de Dieu sans la conscience morale. L'enfant doit avoir du respect pour la loi, reconnaître sa finitude, condition de l'ouverture à la foi, à la moralité et à la religion ; en effet « la religion, qui n'est construite que sur la théologie, ne peut jamais envelopper quelque chose de moral. On n'y trouvera d'une part que la peur et d'autre part que des desseins et des intentions guidés par l'idée de récompense, et il ne résulte de cela qu'un culte superstitieux »[283]. Tout ce que l'homme entreprend dans les églises, vise un certain idéal de perfection. Cependant ce qui est important, c'est l'intention morale, la

[279] *Réflexions sur l'éducation*, p. 143-144.
[280] *Réflexions sur l'éducation*, p. 144.
[281] *Réflexions sur l'éducation*, p. 144.
[282] *Réflexions sur l'éducation*, p. 145.
[283] *Réflexions sur l'éducation*, p. 144.

représentation de la loi, cette force sublime et catégorique, c'est-à-dire la loi qui en nous s'appelle conscience[284].

Quels que soient les concepts religieux intériorisés dans la prime jeunesse, « la véritable manière d'honorer Dieu consiste à agir selon sa volonté et c'est ce qu'il faut enseigner aux enfants »[285].

L'éducation religieuse chez Kant se rattache finalement à son éthique, et il n'y a rien de plus noble et de plus émouvant que ce dialogue entre Kant et un écrivain russe Nicolas Michailovich Karamzin au début du printemps 1789, dialogue rapporté par Arsenij Goulyga dans sa biographie consacrée à l'auteur des 3 *Critiques* :

> « Notre destination est l'action. L'homme n'est jamais satisfait de ce qu'il possède et aspire toujours à autre chose. La mort nous frappe alors que nous sommes en quête du but espéré. Que l'on donne à l'homme tout ce à quoi il aspire et à l'instant même où il obtient il réalise combien tout cela était vain. Or comme nous ne voyons ni le but ni la fin de nos aspirations, nous acceptons l'avenir, ce lieu où le nœud de l'existence finit toujours par se dénouer ; mais cette perspective est d'autant moins agréable pour l'homme qu'il y a moins de rapport en ce bas monde entre la joie et la souffrance, la jouissance et la privation. Quant à

---

[284] Quand on sait la grande influence de Rousseau sur Kant, on ne peut pas s'étonner de voir certains passages célèbres de la *Profession de foi du Vicaire Savoyard*, commentés par le penseur de Koenigsberg, la conscience qui par exemple évoque en nous le sentiment d'une spontanéité pure, de la raison au-dessus de l'instinct animal, "intelligente et libre" : « Conscience ! Conscience ! instinct divin, immortelle et céleste voix ; guide assuré d'un être ignorant et borné, mais intelligent et libre ; juge infaillible du bien et du mal, qui rends l'homme semblable à Dieu, c'est toi qui fais l'excellence de sa nature et la moralité de ses actions ; sans toi je ne sens rien en moi qui m'élève au-dessus des bêtes, que le triste privilège de m'égarer d'erreurs en erreurs à l'aide d'un entendement sans règle et d'une raison sans principe ». *Emile*, p. 378.

[285] *Réflexions sur l'éducation*, p. 145.

moi je me réjouis d'avoir dépassé la soixantaine et d'approcher de la fin en espérant une vie meilleure. Lorsque je me souviens à présent des joies éprouvées au cours de mon existence, je n'en éprouve plus aucun plaisir ; mais si je songe aux circonstances dans lesquelles j'ai agi en conformité avec la loi morale inscrite dans mon coeur, je ressens la joie la plus pure. J'appelle cela la loi morale, d'autres disent la conscience morale ou bien le sentiment du juste et de l'injuste ; peu importe le nom qu'on lui donne, car cela existe véritablement. J'ai menti, nul ne le sait et j'en ai pourtant honte. La probabilité d'une vie future n'est certes point encore une certitude, mais à tout prendre, la raison m'ordonne d'y croire. Que deviendrions-nous si nous voyions cette vie future pour ainsi dire de nos propres yeux. Ne risquerions-nous pas d'être privés de la légitime jouissance du présent à la vue de ses charmes. Or lorsque nous parlons d'une vie future, nous présupposons l'existence d'un entendement créateur éternel, qui a créé toutes choses en vue du bien. Quoi ? Comment ? Force est ici d'avouer son ignorance. Seule l'imagination peut vagabonder dans cette obscurité et engendrer des fantômes »[286].

C'est ainsi que s'achève l'éducation morale, l'enfant devenant pleinement responsable de sa destinée, conscient des valeurs morales, conscient du devoir et de sa nature en tant que fin en soi, fin raisonnable qui suppose une valeur personnelle, que l'homme se donne en toute circonstance, comme condition nécessaire sous laquelle seule lui-même et son existence sont but final[287].

---

[286] *Emmanuel Kant, une vie*, traduction de Jean-Marie Vaysse, Paris, Aubier, 1985, p. 215-216.
[287] *Critique de la faculté de juger*, p. 279.

5.4. La question de la sexualité

Les *Réflexions sur l'éducation* s'achèvent sur quelques observations concernant la sexualité. Kant aborde cette question avec un esprit ouvert, controversé parfois, tolérant, mais ferme sur les principes téléologiques touchant la finalité de la nature et l'harmonie existante dans l'univers. Devant le problème sexuel, l'éducateur devra utiliser la franchise, la responsabilité, le dialogue, l'amour, au lieu du mutisme, du refus ou d'un-"instinct" de défense (adulte) qui créerait chez l'enfant la peur incompréhensible à l'égard du sexe opposé. L'onanisme par exemple est une pratique qui va à l'encontre de toutes les dispositions que compte la nature, notamment la propagation de l'espèce :

> « Ces transgressions des lois, ces vices contraires à la nature (*crimina carnis contra naturam*), que l'on dit aussi innommables, sont des injures *Läsion* envers l'humanité en notre personne qu'aucune restriction ou exception ne saurait sauver d'une réprobation totale »[288].

Donc on ne peut laisser grandir et se développer ces tendances natives incontrôlées. Kant est donc parfaitement clair lorsqu'il dit :

> « Le développement de ces penchants est mécanique chez l'adolescent et tout se passe comme dans le cas des instincts qui se développent, sans même connaître leur objet. Il est donc ici impossible de maintenir l'adolescent dans l'ignorance et dans l'innocence qui lui est liée. Par le silence on ne fait qu'empirer le mal »[289].

---

[288] *Doctrine du droit I*, IIe sect., ch. III, 1, p. 156.
[289] *Réflexions sur l'éducation*, p. 147.

La compréhension recommandée par Kant –particulièrement la tolérance– est plus une question d'humanité, de raison, de dignité (parce que liée au dessein de la nature) que de morale empirique, de législation ou de réforme sociale. Kant exige la clarté et non la dissimulation qui conduit aux formes de jouissances dirigées sur soi-même.

Cependant cette ouverture ne signifie nullement liberté des penchants, liberté de sexe, liberté d'initiatives susceptibles d'égarer ou d'abâtardir une faculté de juger non encore exercée. II s'agit véritablement d'une éducation de la nature qui doit tenir compte de la discipline des tendances en cette phase cruciale de l'adolescence, et de leur progrès en la culture d'activités physiques.

En tout état de cause, l'enfant ne sera en mesure de s'intéresser réellement et pratiquement à la sexualité que lorsqu'il sera adulte, c'est-à-dire :

> « en état de se marier raisonnablement. Alors il n'agira pas seulement comme un homme de bien, mais aussi comme un bon citoyen. II faut donc que l'adolescent apprenne de bonne heure à pratiquer envers l'autre sexe la décence et le respect, à acquérir d'un autre côté son estime par une activité exempte de vices et à concourir ainsi au grand prix que constitue un mariage heureux »[290].

Toutefois l'analyse et les vues psychologiques les plus pénétrantes à propos de la sexualité se trouvent sans doute dans l'*Anthropologie* où Kant examine le *caractère du sexe* et ses *conséquences pragmatiques* ; conceptions en effet "fondées" sur les thèmes de "l'appropriation" et de la "consommation".

---

[290] *Réflexions sur l'éducation,* p. 148-149.

Kant relève à travers « le but de la nature dans la constitution de la féminité », un principe qui commande la sexualité humaine : « Il s'agit : a)- de la conservation de l'espèce ; b)- de la culture de la société et de son affinement par la société »[291]. De par sa prévoyance donc la nature a été plus ou moins "généreuse" envers la femme[292], s'avisant en effet de mettre « plus d'art dans l'organisation du sexe féminin », en faisant de celui-ci non seulement le lieu mais aussi la source de prolifération et de perpétuation de l'espèce, le royaume de l'inclination et des penchants sociaux :

> « Comme la nature voulait inspirer des sentiments plus raffinés qui relèvent de la culture, c'est-à-dire ceux de la sociabilité et de la bienséance, elle a donné au sexe féminin maîtrise sur les hommes, par la moralité, l'aisance de la parole et de l'expression ; elle lui a donné un bon sens très précoce, et la prétention à recevoir des hommes un accueil fait de douceur et de politesse ; si bien que ceux-ci se trouvent, par leur propre générosité, enchaînés sans s'en apercevoir par un enfant et conduits par là, sinon à la moralité, du moins à ce qui la revêt, à cette bienséance des mœurs qui lui sert de préliminaires et de recommandation »[293].

---

[291] *Anthropologie*, p. 150. L'inclination justement est au centre de cette problématique du progrès, car elle correspond à une fin de la nature qui travaille à l'amélioration de notre destination individuelle. Kant dit ceci : « L'inclination qui nous porte vers les femmes contribuerait puissamment à nous ennoblir si, au lieu d'une instruction sèche, on développait en elles de bonne heure le sentiment moral. Nous avons d'ailleurs déjà remarqué que le commerce du beau sexe a pour effet d'adoucir nos moeurs, d'affiner nos manières et notre maintien », *Observations sur le sentiment du beau et du sublime*, p. 49.

[292] « La Providence a comblé les femmes de sentiments bons et bienveillants, d'une âme complaisante, d'un sens délicat des convenances », *Observations sur le sentiment du beau et du sublime,* p. 41.

[293] *Anthropologie*, p. 150.

Ainsi donc, l'inclination (spécifiquement humaine) qui vise normalement à établir dans « la rencontre occasionnelle de deux personnes », une « *communauté sexuelle* » –confirmant une « simple *nature* animale » ou plutôt conduisant au mariage suivant la loi– est pour la femme une tendance à *dominer* et une volonté de *plaire en public* : but véritable et final, dévoilement réel des mystérieux et déroutants traits de féminité, qui sont d'après les gens raisonnables, « des leviers pour diriger les hommes et les utiliser au gré des femmes »[294] ; « C'est pourquoi, dans l'*Anthropologie*, dit Kant, la nature particulière de la femme est objet d'étude pour le philosophe bien plus que celle de l'homme »[295]. En effet, la domination de la femme comme but, visée ou intention élevée liée à la sexualité humaine, est fondamentalement volonté, faculté naturelle qui place le sexe féminin au-dessus de la logique discursive :

> « La femme veut dominer, l'homme être dominé (surtout avant le mariage), d'où la galanterie de l'ancienne chevalerie. Très tôt, elle acquiert l'assurance de plaire. Le jeune homme a toujours peur de déplaire et c'est pourquoi il est embarrassé (gêné) dans la compagnie des dames. Cet orgueil de la femme, qui lui fait écarter, par le respect qu'elle inspire, toute importunité de la part de l'homme, et le droit d'exiger de la considération même si elle ne la mérite pas, s'affirment chez elle au nom même de son sexe –La femme *refuse*, l'homme *demande* ; quand elle concède, c'est une faveur– La nature veut que la femme soit recherchée »[296].

[294] *Anthropologie*, p. 148.
[295] *Anthropologie*, p. 148.
[296] *Anthropologie*, p. 150.

Toutefois le propos final sur la question de la sexualité, s'élucide et prend tout son sens, à partir de l'examen des tendances sociales destinées à transformer comme il se doit, le « commerce naturel des sexes » en une union domestique, « c'est-à-dire que si l'homme et la femme veulent jouir l'un de l'autre réciproquement en fonction de leurs facultés sexuelles, ils *doivent* nécessairement se marier et ceci est nécessaire d'après les lois juridiques de la raison pure »[297]. Seulement l'amour véritable, « l'effusion réciproque du cœur » comme l'indique la lettre de Kant à Maria Von Herbert, doit se fonder sur des règles de vertus :

> « Car l'amour, que ce soit pour un mari ou un ami, présuppose un respect égal et réciproque du caractère de l'un et de l'autre, sans lequel il n'est qu'une très passagère illusion des sens... Un tel amour qui seul est vertu (l'autre n'étant qu'une inclination aveugle) veut se communiquer complètement, et attend de la part de l'autre une semblable communication du cœur, qui ne soit affaiblie par aucune réserve méfiante »[298].

---

[297] *Doctrine du droit, I*, IIe sect., ch.III, 1 p. 156.

[298] *Lettres sur la morale et la religion*, p. 141. Rousseau et Kant semblent reconnaître la nécessité d'accorder vertu et bonheur dans l'accomplissement du sentiment d'amour chez deux êtres qui aspirent à l'union conjugale ; le sentiment d'amour s'apparente ici au sentiment moral, à l'honnêteté réciproque, garantie du dialogue des sens, de leur perfection en la-communication du coeur. « Mon regret est bien moins d'avoir donné trop à l'amour que de l'avoir privé de son plus grand charme. Ce doux enchantement de vertu s'est évanoui comme un songe : nos feux ont perdu cette ardeur divine qui les animait en les épurant ; nous avons recherché le plaisir, et le bonheur a fui loin de nous. Ressouviens-toi de ces moments délicieux où nos coeurs s'unissaient d'autant mieux que nous nous respections davantage, où la passion tirait de son propre excès la force de se vaincre elle-même, où l'innocence nous consolait de la contrainte, où les hommes rendus à l'honneur tournaient tous au profit de l'amour... Qu'est devenu ce zèle de sagesse et d'honnêteté dont l'amour animait toutes les actions de notre vie.., » *Julie ou la Nouvelle Héloïse*, p. 63.

Cette lettre du printemps 1792 nous introduit au cœur de l'idée kantienne de la sexualité : Kant n'adhère pas au commerce intime des sexes qui entraverait le dessein de la nature, précisément il ne saurait admettre une orientation anarchique de la sexualité piétinant les lois de l'humanité fondées sur l'humaine raison.

L'homme et la femme doivent travailler à une perfection réciproque, nécessaire pour la discipline des ardeurs et des transports, et surtout pour l'établissement du sentiment moral, du respect et de la dignité humaine ; en définitive : « dans la vie conjugale, le couple ne doit former en quelque sorte qu'une seule personne morale, animée et gouvernée par le goût de la femme et l'intelligence de l'homme »[299].

[299] *Observations sur le sentiment du beau et du sublime*, p. 50. Kant fait l'observation suivante dans l'*Anthropologie* : « La femme doit régner, l'homme doit gouverner ; car l'inclination règne, mais l'entendement gouverne », p. 153.

SIXIEME PARTIE

REFLEXIONS FINALES

« C'est l'espèce qui progresse, non les individus »

Kant, *Opus postumum*, p. 196

« Sous le rapport de ma causalité intellectuelle, et eu égard à ce que je me propose comme objet du devoir, je suis libre ; sous le rapport de la causalité physique, au contraire, et s'il s'agit d'expliquer l'événement de mes actes, je dois être considéré non comme libre, mais comme un être déterminé dans l'enchaînement de la nature ».

Ibid., p. 196.

6.1. Les apories de l'éducation humaine

Le sujet kantien est une dualité, « une "duplicité" en quête d'unité » dit Jean Lacroix[300]. Cela ne saurait surprendre le lecteur de Kant étant donné l'embarras et paradoxalement l'intérêt que l'on manifeste au fur et à mesure que l'on médite sa problématique. Assurément la dualité est ce qui caractérise cette pensée : L'homme d'une part, être biologique et d'autre part être raisonnable, supramondain, participant à l'instauration du Bien intelligible. Cette double considération, centrale dans la philosophie critique, commande la théorie kantienne de l'histoire, du droit et de l'éducation.

En effet, partagé entre les désirs qui expliquent son enracinement, son appartenance à la condition animale, et les aspirations profondes à ne pas être ce qu'il est , à vouloir à tout prix s'identifier à la perfection absolue, à persister dans la quête de soi, quête de la dignité humaine, "*l'être raisonnable fini*" dit Kant ne tient son unité et ne la réalise qu'à partir de la compréhension de cette dualité, dualité tragique, dualité humaine et morale qui correspond à la fondation même de l'histoire, du droit, à la marche de l'humanité vers les desseins supérieurs.

Il y a là en effet un accord téléologique de la nature qui annonce l'avènement de la liberté, le progrès humain, l'organisation sociale, la légalité et les droits universels (inaliénables) de l'homme ; totalité donc instauratrice du règne de l'éducation morale, une exigence qui engage dans la vie, une obligation à parier pour la société et pour la culture, une manifestation de l'histoire conforme à l'intention de la nature, à la réalisation de la liberté, à la

---

[300] *Kant et le kantisme*, Paris, P.U.F., 6e éd. 1961, p. 117.

"réalisation du plan divin", « ou comme Kant dit plus souvent… une histoire dans laquelle se réalise la liberté de l'homme en tant que liberté présente dans un être sensible : La nature a pourvu l'homme de dons, elle veut que ces dons soient pleinement développés, elle conduit l'humanité vers la réalisation de cette fin –et elle veut, en même temps, que ce but soit atteint par l'action libre des hommes, une fois qu'elle a fait sortir l'homme de l'enfance de son espèce »[301].

La considération de l'humain, en d'autres termes la responsabilité de l'homme dans la négation du fini –en tant qu'il participe à la « communicabilité universelle des sentiments », à la culture des dons et au développement des facultés naturelles– se dévoile véritablement à travers l'histoire, l'histoire comme liberté et raison, à travers le progrès moral : résultat de la scission de l'instinct et de l'intelligence, de l'éclatement de l'Etat de nature et de l'établissement de la Paix perpétuelle, du Droit, de la République morale. « Autrement dit, la réalisation du droit, dans l'Etat et dans le monde, n'est pensable que par sa médiation, donc, par le refus de toutes les séquelles de l'irrationnel et de la superstition. La question n'est pas de savoir si la paix perpétuelle, qui est le destin idéal du droit, est réalisable ou si elle est une chimère. Le seul problème qu'a voulu poser et éclairer Kant est celui de faire admettre à l'humanité entière que la maxime de travailler sans relâche à la justice est un devoir qui est un privilège : et ce privilège signifie toute la différence entre l'homme, qui doit entrer dans l'état civil, et l'animal, qui est condamné à demeurer dans l'état de nature »[302].

En effet, conformément à la *téléologie morale*, Histoire, Education, Droit, Politique, etc, (indissolublement liés)

---

[301] Eric Weill, *op. cit.,* p. 116.

[302] Simone Groyard-Fabre, *Kant et le problème du droit*, Paris, Vrin, 1975, p. 259.

exigent donc au-delà de leur nature incompossible, au-delà des égoïsmes, des guerres, des contraintes et de *l'insociable sociabilité* des hommes[303], « cette ouverture et ce dépassement du droit établi vers la législation pure et principielle de la *République nouménale »*[304] sous des lois de la raison pratique : « le seul porteur légitime d'une foi vraie… pour être précis... la raison en tant que pratique »[305].

Sortir l'humanité de l'état de nature, des *préjugés*[306], de la *superstition*, de sa *Minorité*, en vue des *lumières* et de la

---

[303] La guerre "a beau être un grand mal", et l'*insociable sociabilité humaine* destructrice, en tant que mécanisme de la Providence, dessein de la nature, elles sont source de progrès, de plein épanouissement des dispositions de la nature dans le cadre de l'humanité ; elles assurent d'ailleurs le passage de l'état sauvage à l'état social. Kant note ceci : « Ainsi dans une forêt, les arbres, du fait même que chacun essaie de ravir à l'autre l'air et le soleil, s'efforcent à l'envie de se dépasser les uns les autres, et par suite, ils poussent beaux et droits. Mais au contraire, ceux qui lancent en liberté leurs branches à leur gré, à l'écart d'autres arbres, poussent rabougris, tordus et courbés. Toute culture, tout art formant une parure à l'humanité, ainsi l'ordre social le plus beau, sont les fruits de l'insociabilité, qui est forcée par elle-même de se discipliner, et d'épanouir de ce fait complètement, en s'imposant un tel artifice, les germes de la nature ». *Philosophie de l'histoire*, p. 34. Kant reprend cette image de l'égoïsme et de la courbure dans une perspective pédagogique dans les *Réflexions sur l'éducation* : « Un arbre, isolé au milieu d'un champ, croît en se courbant et étend ses branches au loin ; en revanche un arbre au milieu de la forêt, à cause de la résistance que lui opposent les autres qui sont à côté de lui, pousse droit et tend au-dessus de lui à la lumière et au soleil », p. 80.

[304] Simone Goyard-Pabre, *op. cit.*, p. 258.

[305] Eric Weill, *op. cit.*, p. 20-21.

[306] « Tout préjugé doit être considéré comme un principe de jugements erronés, dit Kant, et les préjugés produisent non pas des préjugés, mais des jugements erronés », *Logique*, Traduction de L. Guillermit, Paris, Vrin, 1982, seconde édition, p. 84. Mais ce qu'il faut retenir particulièrement, c'est qu'il est un mal pour la raison humaine dans la mesure où il conduit à l'hétéronomie tout entendement non exercé. Voltaire souligne aussi cet aspect prenant tout de même la précaution de nuancer son propos en distinguant les « préjugés universels, nécessaires, et qui sont la vertu même », des « préjugés religieux ». Toutefois « le préjugé est une opinion sans jugement. Ainsi dans toute la terre on inspire aux enfants toutes les opinions qu'on veut, avant qu'ils puissent juger ». *Dictionnaire philosophique*, Paris, Coll. Garnier-Flammarion, 1983, p. 320.

liberté, voilà les idées directrices de l'éducation kantienne qui se fonde essentiellement sur l'examen critique de la *téléologie de la nature* et de la *téléologie morale*, sur les principes de philosophie de l'histoire. Pierre José About par exemple note à juste titre : « Fondées sur des principes de philosophie de l'histoire, qui prennent en compte la finalité naturelle de l'humanité, sans exclure une signification supérieure dans le règne des fins, les vues de Kant sur l'éducation laissent transparaître ses thèses essentielles sur l'homme et sa destination »[307].

Dans l'éducation, il s'agit de former, mais également de connaître l'homme et sa fin dernière, l'homme comme être terrestre doué de raison. Seulement les progrès quels qu'ils soient, notamment la longue marche et patiente éducation, aussi bien les connaissances, l'instruction, la culture, les potentialités naturelles et pratiques, supposent toujours l'accomplissement en l'homme, qui est fin en soi, fin morale et nouménale[308]. D'autre part l'homme ne devient homme, il est vrai, que par l'éducation, ne cesse de répéter Kant, il n'est que ce que l'éducation fait de lui, et « Les *lois de l'éducation sont* les premières que nous recevons »[309] confirme d'ailleurs Montesquieu ; cette considération nous autorise par exemple à poser la question suivante : Qu'est-ce que l'homme ?

Cette question comme on le sait est complexe ; Kant ne pouvait pas la résoudre ; sa philosophie étant par définition une philosophie des limites, « elle est critique, ce qui signifie qu'elle fixe des limites en introduisant des distinctions »[310]. Aussi se bornait-il à thématiser ce que je *puis savoir*, ce que je *dois faire* et ce qu'il m'est *permis d'espérer*.

---

[307] Introduction au *Traité de pédagogie de Kant*, trad., J. Barni, Paris, Hachette, 1981, p. 21.

[308] *Anthropologie*, Préface.

[309] *De l'esprit des lois*, I, Paris, Coll. G.F. 1979, p. 155.

[310] Karl Jaspers, *Les grands philosophes*, T. 3 Kant - Coll. 10/18, p. 273.

Pourtant la philosophie pratique s'emploie à démontrer (plutôt à déterminer) la vocation historique et morale de l'espèce humaine, les fins pratiques de la liberté humaine ; en effet une éducation achevée confère à l'individu l'autonomie et la responsabilité de soi qui invitent à faire de la pensée un usage final, le sujet se saisissant alors comme liberté. Or il est difficile de concevoir l'homme comme créature libre dans la mesure où la liberté échappe à la connaissance de la raison humaine. L'éducation devient ainsi un problème, car du point de vue de la temporalité l'homme est nature ; Par conséquent, il est paradoxal au plan de la philosophie transcendantale de concevoir un commerce entre la nature et la liberté, un lien requis en effet pour conduire l'éducation à sa destination totale. Problème quasiment insoluble.

L'éducation doit suivre l'expérience puisqu'une génération éduque une autre[311]. Nous rencontrons là une deuxième contradiction qu'enfante et qu'engendre la nature dans la voie éducative, significative de l'impureté de l'expérience et de la nature humaine en particulier,

---

[311] Les impulsions spontanées de la nature, le passé humain des générations antérieures, l'histoire en sa totalité, sont autant d'expériences qui définissent l'éducation humaine, « aussi bien l'éducation ne peut-elle progresser que pas à pas et un concept exact de la structure de l'éducation ne peut être établi que parce qu'une génération lègue ses expériences et ses connaissances à la suivante et que celle-ci y ajoute à son tour quelque chose et les lègue ainsi augmentées à celle qui lui succède ». *Réflexions sur l'éducation*, p.78. L'éducation à en croire Kant a une profonde vocation d'avenir, c'est-à-dire qu'elle ne peut en tout cas réussir dans la société actuelle. Elle doit être constamment tournée vers l'avenir, ce qui confirme la thèse du progrès vers le mieux, « on ne doit pas seulement éduquer des enfants d'après l'état présent de l'espèce humaine, mais d'après son état futur possible et meilleur ». *Réflexions sur l'éducation,* p.79. Marcel Conche dans son beau livre sur la morale a su montrer les liens qui existent entre Education et Avenir, « Pourquoi l'éducation morale ? s'interroge-t-il ? Pour former un homme "digne de ce nom". Quel homme ? Evidemment l'homme *de demain*, puisque nous éduquons *nos enfants*. La volonté éducatrice est une volonté d'avenir, Elle est, en droit, relative non à l'humanité d'hier, mais à l'humanité de demain ». *Le fondement de la morale*, Editions de Mégare, 1982, p. 15.

contradiction intolérable pour la loi morale. L'homme est donc incapable de résoudre le problème de l'éducation convenablement, il fait partie « d'une lignée peut-être interminable de générations où chacune transmet à la suivante ses lumières »[312] ; cependant « si seulement un être d'une nature supérieure se chargeait de notre éducation, on verrait alors ce que l'on peut faire de l'homme »[313] ; malheureusement cela n'est pas le cas dans la mesure où l'homme qui a besoin d'un maître trouve ce maître dans l'espèce humaine[314]. *A priori*, il paraît donc difficile d'imaginer la conversion de l'individu singulier, sa moralisation totale à partir des données fondamentales que

---

[312] *Philosophie de l'histoire*, p. 29.

[313] *Réflexions sur l'éducation*, p.73. *L'opus postumum* va dans ce sens. Voici ce que dit Kant : « Mais comme ce sont des hommes qui doivent se charger de cette éducation et être eux-mêmes élevés dans ce but, que la nature humaine est faible et les circonstances favorables fortuites, l'espoir d'un progrès en ce sens doit être placé dans une sagesse venue d'en haut comme condition positive », p. 196. Ce que développe également *Le Conflit des facultés*, « Or, comme ce sont toutefois des *hommes*, qui doivent réaliser cette éducation, des hommes donc qui ont dû eux-mêmes être élevés dans ce but, il faut étant donné l'infirmité de la nature humaine et la contingence des événements favorisant un tel résultat, mettre l'espoir de progrès seulement en la sagesse d'en haut (qui a nom Providence, quand elle est pour nous invisible), comme condition positive », p. 111. Spinoza en revanche estime que dans la quête du bien suprême, de l'acquisition d'une nature humaine supérieure, un certain nombre de "moyens" doivent être "recherchés" pour aller à une "telle perfection". « Afin que cela se fasse, il est nécessaire d'avoir de la Nature une connaissance suffisante pour l'acquisition de cette nature [humaine supérieure] ; puis [il est nécessaire] de former une société, telle qu'elle doit être afin que le plus grand nombre [d'hommes] arrivent, aussi facilement et aussi sûrement qu'il se peut, à ce but. Ensuite, il faut consacrer ses efforts à une philosophie morale, ainsi qu'à la science de l'éducation des enfants ». *Traité de la réforme de l'entendement*, traduction A. Koyré, Paris, Vrin, 4e éd. 1969, p. 12.

[314] Par contre Condorcet pense que le besoin d'avoir un maître entraîne la naissance de l'autorité politique : « ...Le besoin d'un chef, afin de pouvoir agir en commun, soit pour la défendre contre un ennemi, soit pour se procurer avec moins de peine une subsistance plus assurée et plus abondante, introduisit dans la société les premières idées d'une autorité politique ». *Esquisse d'un tableau historique des progrès de l'esprit humain*, Paris, Editions Sociales, 1966, p. 88.

nous présente la philosophie critique d'Emmanuel Kant, à savoir concilier expérience et liberté.

Comment surmonter ces obstacles ? Comment résoudre ces apories ?

Nietzsche dit que « le grand éducateur est comme la nature : il doit accumuler des *obstacles* pour que ces obstacles soient surmontés »[315]. A notre avis (nous l'avons relevé) Kant s'est interdit de le faire puisqu'il s'agit dans son système de discerner, de nourrir la pensée en l'éduquant par la critique. Aussi parle-t-il d'Idée, « de noble idéal que le projet d'une théorie de l'éducation » et « c'est une chose enthousiasmante (*Es ist entzückend*) de penser que la nature humaine sera toujours mieux développée par l'éducation et que l'on peut parvenir à donner à cette dernière une forme qui convienne à l'humanité. Ceci nous ouvre une perspective sur une future espèce humaine plus heureuse »[316].

6.2. Education et avenir

Pensée en termes d'avenir, l'éducation se rattache véritablement à l'histoire et considère l'individu dans le progrès général de l'humanité, progrès indéfini déterminé par le postulat de l'immortalité de l'âme. Donc en tant que Idée, l'accomplissement de cette éducation finale est irréalisable, puisqu'il est question de réaliser en quelque sorte l'Idée (totalité de l'objet) dans l'intuition. En fin de compte l'éducation comme Idée juste et parfaite ne sert que de principe régulateur dans la pratique pédagogique.

Que devient l'homme dans tout cela ? Devons-nous le comprendre au point de vue temporel, c'est-à-dire comme

---

[315] *Ainsi parlait Zarathoustra*, Appendice, traduit par Henri Albert, Paris, Mercure de France, 1967, p. 310.

[316] *Réflexions sur l'éducation*, p. 74-75.

historique et fini, ou alors accorder toute foi à sa dimension nouménale ?

Toujours est-il que l'on peut admettre avec Alexis Philonenko que « le problème fondamental de l'histoire, qui est celui de la découverte et de la réalisation d'une association politique fondée uniquement sur la liberté, problème dont la résolution suppose le progrès général de l'humanité, considéré dans la triple perspective de l'habileté, de la prudence, et de la moralisation, ne se dissocie pas du problème de l'éducation, qui est celui de la formation de l'homme »[317]. La liberté raisonnable, fin ultime de l'homme dans un tout *cosmopolite* reste un idéal, elle constitue finalement l'Idée qui inspire la pédagogie et qui « est nécessaire pour représenter le monde comme un beau tout moral dans sa perfection »[318].

En d'autres termes :

> « L'éducation du genre humain, pris dans le *tout* de son espèce, c'est-à-dire *collectivement* (universorum) et non dans la somme de ses individus (singulorum) où la masse ne constitue pas un système mais un agrégat d'éléments justaposés, et l'effort vers une constitution républicaine, qui doit se fonder sur le principe de la liberté mais aussi de la contrainte légale, l'homme ne les attend que de la *Providence*, c'est-à-dire d'une sagesse qui n'est pas la sienne, mais l'idée impuissante (par sa faute à lui) de sa propre raison; cette éducation qui vient d'en haut est saine, mais rude et sévère : elle passe par bien des incommodités et par une réforme de la nature qui atteint presque la destruction de toute espèce ; il s'agit de produire le Bien que l'homme ne s'est pas proposé, mais qui se maintient une fois qu'il est là, sur fond du mal toujours divisé intérieurement

[317] Introduction aux *Réflexions sur l'éducation*, p. 29.
[318] *Métaphysique des mœurs, Doctrine de la vertu*, § 35, p. 135.

contre lui-même. La Providence signifie précisément cette même sagesse que nous percevons avec admiration dans le maintien de l'espèce d'êtres organisés... Du reste, l'espèce humaine *peut* et *doit* être elle-même créatrice de son bonheur ; cependant, le fait qu'elle le sera ne se laisse pas déduire des dispositions naturelles que nous connaissons en elle, mais de l'expérience et de l'histoire, et l'attente de ce résultat est aussi fondée qu'il est nécessaire pour ne pas désespérer de ses progrès vers le mieux, et pour que chacun, autant qu'il est en lui, favorise de toute sa sagesse et d'une morale exemplaire l'approche vers ce but » [319].

L'éducation fait donc l'homme. Si la finalité est morale, elle ne peut atteindre cette destination en totalité. Ce qui est vrai, c'est qu'en toutes circonstances, malgré les entraves de la nature, la démission sociale, la corruption des mœurs, l'homme écoute le sentiment moral, « car, dans l'homme dit Kant le principe moral ne s'éteint jamais »[320].

Il assume alors les devoirs immuables en manifestant l'humanité en lui dans la pratique de la vertu, dans l'accomplissement des tâches supérieures de l'existence. Seulement il faut dire que s'il est fondamental dans un premier moment d'insister sur les recommandations, sur les devoirs, sur les lois coercitives dans l'éducation de l'enfant, c'est que cela correspond à l'orientation intégrale des fins de l'homme qui sont obligées de faire violence à la liberté native afin de s'émanciper. La contrainte éducative, contraire à première vue à l'Idée de l'humanité, aux droits de l'homme et à la dignité humaine, appelle les mauvais penchants de l'homme à se discipliner et à se moraliser par la culture, les arts, etc.

---

[319] *Anthropologie*, p. 166.
[320] *Projet de Paix perpétuelle*, p. 73.

Toutefois l'éducation est liée aux préoccupations immédiates de la vie humaine quoique tournée vers l'avenir. Pour s'élever à la conscience universelle et aspirer à la liberté, il faut une éducation morale, car l'unité de l'être raisonnable ne se justifie que par l'accès de l'éducation à la moralité. Tant que l'expérience sera souveraine et que l'éducation se fondera uniquement sur les enseignements de la nature, sans 1'"attachement à l'Idée d'une République parfaite, à « un courant de conscience nouvelle dit Husserl dirigée vers l'idée infinie de l'humanité dans son ensemble, de l'humanité réelle et de la vérité »[321], les passions, la tyrannie des instincts, les volontés hétéronomes gagneront toujours sur la raison universelle ; de l'éducation jaillira peut être le bien, mais un bien relatif, intéressé, confirmant l'aliénation de la conscience humaine, l'institution de la recherche des plaisirs , la recherche du bonheur comme fin dernière.

Pour qu'elle devienne autre que ce qu'elle est, il faut qu'elle s'intéresse davantage à l'Idéal qu'au fini, à l'Inconditionné qu'au temporel : condition indispensable pour renouer avec son essence et la rendre pratique[322]. Ce que l'on doit entreprendre, c'est la recherche de l'inachevé, ainsi l'éducation aura-t-elle un contenu pratique et pourrons-nous faire des enfants des hommes libres.

---

[321] Edmond Husserl, « Qu'est-ce que la phénoménologie », in *Encyclopaedia Britannica,* Edition de 1927, article repris dans *Tableau de la philosophie contemporaine* de Denis Huisman, Paris, Editions Fischbacher, 1967.

[322] Il ne s'agit pas ici comme chez Descartes de rechercher ou de démontrer un « Dieu... substance infinie, éternelle, immuable, indépendante, toute connaissante, toute puissante » (*Méditations*, III), ou chez Leibniz « ... à honorer la grandeur de Dieu, c'est-à-dire sa puissance et sa sagesse, à aimer sa bonté, avec sa justice et sa sainteté qui en dérivent » (*Essais de théodicée*, Coll. Garnier-Flammarion, 1969, p. 425), mais d'un effort vers la sagesse, c'est-à-dire vers l'unité de la connaissance et de l'action en laquelle l'homme se réalise comme fin en soi. Cet effort résulte en effet d'une exigence critique qui invite à entreprendre une éducation de la raison humaine inculte, "passive", prétentieuse, à réformer l'intelligence animale pour une autonomie raisonnable favorisant un meilleur usage de la pensée, de ses droits et de ses devoirs.

7. Conclusion

La théorie kantienne de l'éducation exposée dans le *Traité de pédagogie* repose essentiellement sur l'opposition Nature et Liberté ; Kant trouve cette opposition (c'est-à-dire la nature et la liberté) dans l'homme, et celle-ci en effet fonde le sujet humain, le détermine empiriquement et humainement, cette opposition nous la rencontrons dans la philosophie critique, elle va de l'apparence dialectique à la synthèse de l'impératif catégorique.

Deux formes de culture constituent l'éducation humaine. La culture physique qui fait appel au déterminisme, et finalement qui est celle dont les facultés en l'homme sont nature ; la culture morale qui est véritablement celle de la liberté, et qui ne s'adresse qu'à elle, celle à laquelle tend toute éducation en général ; car en la liberté se trouvent réalisées non seulement toutes les fins inconditionnées de l'humanité, mais aussi l'essence de l'homme, la raison en tant que autonomie et liberté régulatrice de l'ordre social, garante de l'unité des principes et de l'éducation morale, travaillant « ... à la réalisation du Bien du monde, qui consiste dans la liaison du plus grand bien-être (*des grössten Wohls*) des êtres raisonnables du monde avec la condition suprême du Bien moral en lui, c'est-à-dire dans la liaison du bonheur universel avec la moralité la plus conforme à la loi »[323]. L'éducation morale sera en effet la plus haute à laquelle se

[323] *Critique de la faculté de juger*, p. 259.

trouveront agencées toutes les autres formes de l'éducation.

Ce qui importe donc dans toute œuvre éducatrice, c'est la manière dont on doit assurer le passage combien difficile de la conscience naïve (animalité en l'homme) à la maturité et à la liberté, c'est-à-dire que l'on parvienne à penser par soi-même, à trouver le principe de la vérité en soi, en sa propre raison. L'intention de Kant est de faire acquérir à l'enfant des moyens nécessaires pour vivre en société, moyens techniques et pragmatiques qui résulteraient d'une critique des enseignements de la nature. C'est d'ailleurs sur ce point qu'il s'accorde avec Rousseau en insistant sur la nécessité de mettre en œuvre une éducation de la nature. Car trop souvent on rend l'enfant esclave des besoins en détournant les dispositions primitives de la nature. Selon Rousseau par exemple l'homme de la « société commencée » vit dans la déchéance et dans la médiocrité des pseudo-valeurs que lui procurent les sciences, les arts, le luxe, la politique, etc. Il retombe ainsi dans la barbarie finira par reconnaître Kant. Pourtant ce dernier s'éloigne de Rousseau quand il s'agit de réprimer les tendances natives estimant qu'un dressage de l'enfant est nécessaire pour aller à la liberté.

La culture donc sous sa forme morale est une préparation à l'exercice de la liberté, et sous sa forme éducative, elle est une véritable contrainte. Pour Kant, la contrainte des devoirs, la sévérité des commandements concourent à former un caractère chez l'enfant et à lui indiquer l'importance du respect de la loi : contrainte extérieure dans un premier moment sous forme d'une acceptation passive ; ensuite contrainte intérieure en ce qu'elle transforme la nature besogneuse en une conscience pure, tournée vers l'action et vers le devoir. C'est pourquoi en dehors de la culture physique, Kant insistera davantage sur l'enseignement de la morale.

En définitive nous trouvons dans l'éducation humaine une culture de type individuel du point de vue de la connaissance et qui repose sur la contrainte, et une culture du genre collectif qui prend place dans l'histoire et qui rend compte de cette ordonnance et de cette sagesse qu'est la nature, source de paix et de progrès, de lumière et de liberté.

8. Bibliographie

8.1. Œuvres de Kant

- *Histoire générale de la nature et Théorie du ciel* (1755), traduction, introduction et notes par Pierre Kerszberg, Anne Marie Roviello, Jean Seidengart, Paris, Vrin, 1984.
- *Quelques opuscules précritiques*, traduction Sylvain Zac, Paris, Vrin, 1970, contenant : *La monadologie physique* (1756), *Nouvelle définition du mouvement et du repos* (1758), *De la fausse subtilité des quatre figures du syllogisme* (1762), *Du premier fondement de la différence des régions dans l'espace* (1768).
- Pensée*s successives sur la théodicée et la religion,* traduction Paul Festugière, Paris, Vrin, 4ᵉ édition, 1972 contenant : *Considérations sur l'optimisme* (1759), *L'unique fondement possible d'une démonstration de l'existence de Dieu* (1763), *Sur l'insuccès de tous les essais de théodicée* (1791), *La fin de toutes choses* (1794).
- *Essai pour introduire en philosophie le concept de grandeur négative* (1763), traduction Roger Kempf, préface de Georges Canguilhem, Paris, Vrin, 1949.
- *Observations sur le sentiment du beau et du sublime, Remarques touchant les Observations sur le sentiment du beau et du sublime* (1764), traduction, introduction et notes par Roger Kempf, Paris, Vrin, seconde édition, 1969.
- *La Dissertation de 1770*, texte latin, traduction, introduction et notes par Paul Mouy, troisième édition ;

suivie de la *Lettre à Marcus Herz du 21 Février 1772*, traduction, introduction et notes par Alexis Philonenko, Paris, Vrin, 1976.

- *Rêves d'un visionnaire* (1766), traduits et présentés par F. Courtes, Paris, Vrin, seconde édition, 1977.
- *Critique de la raison pure* (1781), traduction A. Tremasaygues et B. Pacaud, préface de Ch. Serrus, Paris, Presses Universitaires de France, neuvième édition, 1980. Nous avons également utilisé selon les cas la traduction de Jules Barni revue par P. Archambault, chez Garnier Flammarion, avec une présentation de Bernard Bousset.
- *Prolégomènes à toute métaphysique future qui pourra se présenter comme science* (1783), traduction J. Gibelin, Paris, Vrin, neuvième édition, 1974.
- *Fondements de la métaphysique des mœurs* (1785) traduction de Victor Delbos, revue par Alexis Philonenko, Paris, Vrin, 1980.
- *Philosophie de l'histoire* (opuscules), traduction par Stéphane Piobetta aux éditions Gonthier, Paris, 1965 contenant *Compte rendu de l'ouvrage de Herder, "Idées en vue d'une philosophie de l'histoire de l'humanité"* (1785), *Sur la définition du concept de race humaine* (1785), *Conjectures sur les débuts de l'histoire humaine* (1786), *Idée d'une histoire universelle au point de vue cosmopolitique* (1784), *Réponse à la question : qu'est-ce que "les lumières"* (1784), *Sur l'emploi des principes téléologiques dans la philosophie* (1788), *Des différentes races humaines* et *Le conflit des facultés* (1798).
- *Premiers principes métaphysiques de la science de la nature* (1786), traduction J. Gibelin, Paris, Vrin, troisième édition, 1982.
- *Qu'est-ce que s'orienter dans la pensée* (1786), commentaire, traduction, notes et index par Alexis

Philonenko, préface de Ferdinand Alquié, Paris, Vrin, quatrième édition, 1978.
- *Critique de la raison pratique* (1788), traduction François Picavet, introduction de Ferdinand Alquié, Paris, Presses Universitaires de France, septième édition, 1976; autre traduction consultée de J. Gibelin, nouvelle édition revue par Etienne Gilson, Paris, Vrin, 1983.
- *Critique de la faculté de juger* (1790), traduction Alexis Philonenko, Paris, Vrin, 1979 ; autre traduction consultée : *Critique du jugement*, traduit de l'allemand par J. Gibelin, Paris, Vrin, 1942.
- *La religion dans les limites de la simple raison* (1793), traduction et avant propos par J. Gibelin, Paris, Vrin, sixième édition, 1979. Nous avons aussi consulté la nouvelle édition de 1983 qui possède une excellente introduction de M. Naar, toujours chez Vrin.
- *Théorie et Pratique - Droit de mentir* contenant deux articles : - *Sur l'expression courante : il se peut que ce soit juste en théorie, mais en pratique cela ne vaut rien* (1793) et *Sur un prétendu droit de mentir par humanité* (1797), traduction par L. Guillermit, Paris, Vrin, quatrième édition, 1980.
- *Projet de Paix perpétuelle* (*Esquisse philosophique*) (1795), traduction par J. Gibelin, Paris, Vrin, quatrième édition, 1982 ; autres traductions consultées : *Vers la paix perpétuelle* (*Essai philosophique*) traduction précédée d'une introduction historique et critique par Jean Darbellay, Paris, Presses Universitaires de France, deuxième édition, 1974. *Pour la paix perpétuelle* (*Projet philosophique*) avec un choix de textes sur la paix et la guerre d'Erasme à Freud, par Joël Lefebvre, Presses universitaires de Lyon, 1985.
- *Métaphysique des mœurs* (1797) : première partie *Doctrine du Droit,* préface de M. Villey, introduction et traduction par Alexis Philonenko, Paris, Vrin, seconde

édition, 1979 ; deuxième partie *Doctrine de la Vertu*, introduction et traduction par A. Philonenko, Paris, Vrin, seconde édition, 1980.
- *Le conflit des facultés* (en trois sections) 1798, traduction, introduction, notes par J. Gibelin, Paris, Vrin, troisième édition, 1973.
- *Anthropologie du point de vue pragmatique* (1798), traduction par Michel Foucault, Paris, Vrin, 1979.
- *Logique* (1800), traduction par L. Guillermit, Paris, Vrin, seconde édition, 1982.
- *Réflexions sur l'éducation* (1803), traduction, introduction, notes par A. Philonenko, Paris, Vrin, troisième édition, 1980 ; autre traduction consultée, *Traité de pédagogie*, traduit de l'allemand par J. Barni, introduction et notes par Pierre José About, Paris, Hachette, 1981.
- *Opus postumum* (1803), textes choisis et traduits par J. Gibelin, Paris, Vrin, 1950.
- *Lettres sur la morale et la religion* (1803), introduction, traduction et commentaires par Jean Louis Bruch, Paris, Aubier Montaigne, 1969.

8.2. Etudes sur Kant

- Alain, *Lettres à Sergio Solmi sur la philosophie de Kant*, Paris, Paul Hartmann Editeur, 1946.
- Alquié (Ferdinand), *La critique kantienne de la métaphysique*, Paris, Presses Universitaires de France, première édition, 1968.
- *Introduction à la lecture de la Critique de la raison pratique*, Paris, Presses Universitaires de France, septième édition, 1976.
- *La morale de Kant*, C.D.U., Paris, 1957.
- Aubenque (Pierre), « La prudence chez Kant », in *Revue de Métaphysique et de Morale*, Paris, Armand Colin, Avril-Juin 1975.

- Aviau de Ternay (H.d'), *Traces bibliques dans la loi morale chez Kant*, préface de François Marty, Paris, Beauchesne, 1986.
- Beaufret Jean, « Kant et la notion de Darstellung », in *Dialogue avec Heidegger*, T. 2, Paris, Editions de Minuit, 1973, pp.77-109.
- Borowski (L.E), Jackmann (R.B), Wasianski (B. A.), *Kant intime*, textes traduits de l'allemand, réunis et présentés par Jean Mistler de l'Académie française, Paris, Grasset, 1985.
- Boutroux (Emile), *La philosophie de Kant*, cours professé à la Sorbonne, Paris, Vrin, 1960.
- Bruch (Jean-Louis), *La philosophie religieuse de Kant*, Paris, Aubier Montaigne, 1968.
- Brun (Jean), « Une philosophie du seuil : le criticisme kantien », in *Revue de Métaphysique et de Morale*, n°2, avril-juin 1975, pp. 185-195.
- Brunner (Constantin), *Spinoza contre Kant et la cause de la vérité spirituelle*, traduit et précédé d'un avant-propos par Henri Lurié, Paris, Vrin, 1932.
- Brunschvieg (Léon), *Ecrits philosophiques*, Tome 1 ; *L'humanité de l'Occident* Descartes-Spinoza-Kant, Paris, Presses Universitaires de France, 1951.
- Buisson, "Kant", in *Nouveau dictionnaire de pédagogie et d'instruction primaire*, Paris, Hachette, 1911, pp. 922-925.
- Cassirer (Ernst) et Heidegger (Martin), *Débat sur le kantisme et la philosophie* (Davos, Mars, 1929), traduit de l'allemand par P. Aubenque, Paris, Beauchesne, 1972.
- Chédin (Olivier), *Sur l'esthétique de Kant et la théorie critique de la représentation*, Paris, Vrin, 1982.
- Clavel (M.), *Critique de Kant*, Paris, Flammarion, 1980.

- Courtès (F.), *La Raison et la Vie. Idéal Scientifique et Idéologie en Allemagne de la Réforme jusqu'à Kant*, Paris, Vrin, 1972.
- Daval (R), *La métaphysique de Kant*, Paris, Presses Universitaires de France, 1951.
- Delbos (Victor), *La philosophie pratique de Kant*, Paris, Presses Universitaires de France, troisième édition, 1969.
- « Les harmonies de la pensée kantienne d'après la Critique de la faculté de juger », in *Revue de Métaphysique et de Morale*, Mai 1904, pp. 551-538.
- « Sur la théorie kantienne de la liberté », in *Bulletin de la Société française de philosophie*, janvier 1905, pp. 1-25.
- Deleuze (Gilles), *La philosophie critique de Kant* (Doctrine des facultés), Paris, Presses Universitaires de France, troisième édition, 1971.
- Edelman (Bernard), *La maison de Kant*, Paris, Payot, 1984.
- « La transition dans la Doctrine du Droit de Kant », in *Pensée*, 1973, numéro167.
- Ferrari (Jean), *Les sources françaises de la philosophie de Kant,* Paris, Librairie Klincksieck, 1979.
- *Kant ou l'invention de l'homme*, Paris, éditions Seghers, 1971.
- Foucault (Michel), *Sur Kant :Vas ist aufklärung ?* Premier cours au Collège de France en 1983, reproduit dans le *Magazine littéraire* numéro 207, mai 1984.
- Friedrich (Carl J.), « L'essai sur la paix : sa position centrale dans la philosophie morale de Kant », in *La philosophie politique* de Kant. Paris, Presses Universitaires de France (*Annales de Philosophie politique* 4), 1962, p. 139-161.
- Goldmann (Lucien), *Introduction à la philosophie de Kant*, Paris, Gallimard, 1967.

- Granel (Gérard), *L'équivoque ontologique de la pensée kantienne*, Paris, Gallimard, 1970.
- Goulyga Arsenij, *Emmanuel Kant une vie*, traduction de Jean-Marie Vaysse suivi de En quel sens sommes-nous tous Kantiens ? par Jean Marie Vaysse, Paris, Aubier, 1985.
- Goyard-Fabre (Simone), *Kant et le problème du droit*, Paris, Vrin, 1975.
- « La signification du Contrat dans la "Doctrine du droit" de Kant », in *Revue de Métaphysique et de Morale*, Paris, Armand Colin, numéro 2, Avril-Juin 1973, pp. 189-217.
- Guéroult (Martial), « Nature humaine et état de nature chez Kant et Fichte », in *Revue philosophique*, 1941.
- « Canon de 1a raison pure et Critique de la raison pratique », in *Revue internationale de philosophie*, 1954.
- Heidegger (Martin), *Kant et le Problème de la métaphysique*, introduction et traduction par Alphonse de Waelhens et Walter Biemel, Paris, Gallimard, 1970.
- *Interprétation phénoménologique de la "Critique de la raison pure" de Kant*, Paris, Gallimard, 1982.
- Höffe (Otfried), *Introduction à la philosophie pratique de Kant. La morale, le droit et la religion,* traduction de François Rueff et de Stéphane Gillioz (pour le chapitre 12), Fribourg (Suisse), Editions Castella, 1985.
- Jaspers (Karl), *Les grands philosophes*, deuxième partie : *Kant*, traduit de l'allemand par Jeanne Hersch, Paris, Union générale d'éditions, 1967.
- Julia (Didier), *La question de l'homme et le fondement de la philosophie (Réflexion sur la philosophie pratique et la philosophie spéculative de Fichte)*, Paris, Aubier Montaigne, 1964.

- Klein (Zivia), *La notion de dignité humaine dans la pensée de Kant et de Pascal*, préface de Henri Gouhier, Paris, Vrin, 1968.
- Krüger (Gerhard), *Critique et Morale chez Kant*, traduit par M. Regnier, préface d'Eric Weil, Paris, Beauchesne, 1961.
- Lacan (Jacques), « Kant avec Sade », in *Critique*, Paris, Avril 1963, pp. 291-313.
- Lachieze-Rey (P), *L'idéalisme kantien*, Paris, Vrin, deuxième édition, 1950.
- « Les trois étapes fondamentales de la philosophie critique de Kant », in *Revue de Métaphysique et de Morale*, 1952, pp. 415-421.
- Lacroix (Jean), *Kant et le kantisme*, Paris, Presses Universitaires de France (Que sais-je) ; sixième édition, 1981.
- Lebrun (Gérard), *Kant et la fin de la métaphysique classique* : essai sur la "Critique de la faculté de juger", Paris, Armand Colin, 1970.
- Marty (François), *La naissance de la métaphysique chez Kant : une étude sur la notion kantienne d'analogie*, Paris, Bibliothèque des archives de philosophie, 1980.
- Moreau (Joseph), *Le Dieu des philosophes*, (Leibniz, Kant et nous), Paris, Vrin, 1969.
- « Le temps de la représentation ou Kant héritier d'Aristote », in *Les études philosophiques*, Paris, Presses Universitaires de France, juillet-septembre 1980, pp. 273-284.
- Muralt (A d'), *La conscience transcendantale dans le criticisme kantien – Essai sur l'unité d'aperception*, Paris, Aubier Montaigne, 1958.
- Pascal (Georges), *Pour connaître la pensée de Kant*, Paris, Bordas, 1966.

- Philonenko (Alexis), *Théorie et praxis dans la pensée morale et politique de Kant et Fichte en 1793*, Paris, Vrin, seconde édition, 1976.
- *L'œuvre de Kant, La philosophie critique,* Tome 1, *La philosophie pré-critique* et la *Critique de la raison pure*, Paris, Vrin, troisième édition, 1983, Tome 2, *Morale et politique*, Paris, Vrin, seconde édition, 1981. « Kant et le problème de la paix », in *Institut de Polémologie*, Paris, Presses Universitaires de France, 1968, n. 1. *Etudes kantiennes*, Paris, Vrin, 1982. *Essais sur la philosophie de la guerre*, Paris, Vrin, 1976. *La théorie Kantienne de l'histoire*, Paris, Vrin, 1986.
- Polin (Raymond), « Les relations du peuple avec ceux qui le gouvernent d'après Kant », in *Annales de philosophie politique*, Paris, Presses Universitaires de France, 1962.
- Reboul (Olivier), *Kant et le problème du mal*, Montréal, 1971. – « Prescription ou Proscription ? » "Essai sur le sens du devoir chez Kant », in *Revue de Métaphysique et de Morale*, 1967, pp. 295-320.
- Ricoeur (Paul), *Le conflit des interprétations*, Paris, Seuil, 1969. « Sympathie et respect, phénoménologie et éthique de la seconde personne », in *Revue de Métaphysique et de Morale*, 1954, n.4, pp. 380-397.
- Rosenfield (Denis), « La chose en soi et le "reste" posé par le philosopher Kant et Hegel », in *Revue de Métaphysique et de Morale*, Paris, Armand Colin, avril-juin 1986, p. 236-245.
- Rousset (Bernard), *La doctrine kantienne de l'objectivité. L'autonomie comme devoir et devenir*, Paris, Vrin, 1967.
- Ruyssen (Théodore), « Les origines kantiennes de la Société des Nations », in *Revue de Métaphysique et de Morale*, Paris, 31-1924.

- « La philosophie de l'histoire selon Kant », in *La philosophie politique de Kant*, Paris, Presses Universitaires de France, 1962, pp. 33-51.
- Vlachos (Georges), *La pensée politique de Kant-Métaphysique de l'ordre et dialectique du progrès*, préface de Marcel Prélat, Paris, Presses Universitaires de France, 1962.
- Vuillemin (J.), *L'héritage kantien et la Révolution copernicienne*, Paris, Presses Universitaires de France, 1954.
- *Physique et Métaphysique kantiennes*, Paris, Presses Universitaires de France, 1955.
- Weil (Eric), *Problèmes Kantiens*, Paris, Vrin, 1963.
- « Kant et le problème de la politique », in *La philosophie politique de Kant*, Paris, Presses Universitaires de France, 1962.
- Zac (Sylvain), « Religion naturelle et religion révélée chez Kant », in *Revue de Métaphysique et de Morale*, janvier-mars, 1968, pp. 105-126.

8.3. Ouvrages cités et consultés

- Alain, *Propos sur l'éducation*, Paris, Presses Universitaires de France, cinquième édition, 1952.
- *Minerve ou de la Sagesse*, Paris, Paul Hartmann Editeur, 1939.
- Alembert (d'), *Discours préliminaire de l'encyclopédie*, Paris, Denoël, 1984.
- *Essai sur les éléments de philosophie ou sur les principes des connaissances humaines*, Paris, Fayard, 1986.
- Alquié (Ferdinand), *La découverte métaphysique de l'homme chez Descartes*, Paris, Presses Universitaires de France, deuxième édition, 1966.
- *Descartes*, Paris, Hatier, nouvelle édition mise à jour, 1967.

- *L'expérience*, Paris, Presses Universitaires de France, quatrième édition, 1970.
- *La nostalgie de l'être*, Paris, Presses Universitaires de France, deuxième édition, 1973.
- *Le désir d'éternité*, Paris, Presses Universitaires de France, huitième édition, 1976.
- Althusser (Louis), *Montesquieu, la politique et l'histoire*, Paris, Presses Universitaires de France, quatrième édition, 1974.
- *Lire le Capital*, tome 1 et 2, en collaboration avec Etienne Balibar, Pierre Macherey, Roger Establet et Jacques Rancière, Paris, François Maspéro, 1966.
- *Pour Marx*, Paris, François Maspéro, 1980.
- *Lénine et la philosophie ;suivi de Marx et Lénine devant Hegel*, Paris, Maspéro, 1972.
- Ardoino, *Education et politique*, tome 2, Bordas, 1977.
- Aristote, *La politique*, nouvelle traduction avec introduction, notes et index par J. Tricot, Paris, Vrin, 1982.
- *La Métaphysique*, nouvelle édition entièrement refondue, avec commentaire, tome 1 et 2 par J. Tricot, Paris, Vrin 1981.
- *De l'âme*, traduction nouvelle et notes par J. Tricot, Paris, Vrin, 1977.
- *Organon I, Catégories II, De l'interprétation*, traduction nouvelle et notes par J. Tricot, Paris, Vrin, 1977.
- *Ethique de nicomaque*, traduction, préface et notes par Jean Voilquin, Paris, Garnier Flammarion, 1982.
- Arvon (Henri), *La philosophie du travail*, Paris, Presses Universitaires de France, cinquième édition, 1979.
- Axelos (Kostas), *Héraclite et la philosophie*, Paris, Editions de Minuit, 1979.
- Bachelard (Gaston), *La formation de l'esprit scientifique. Contribution à une psychanalyse de la connaissance objective*, Paris, Vrin, dixième édition, 1977.

- *Le nouvel esprit scientifique*, Paris, Presses Universitaires de France, quatorzième édition, 1978.
- *L'activité rationaliste de la physique contemporaine*, Paris, Union Générale d'Editions, 1977.
- *L'intuition de l'instant*, Paris, Editions Gonthier, 1979.
- Battistini (Yves), *Trois présocratiques Héraclite, Parménide, Empédocle*, Paris, Gallimard, 1968.
- Berger (Gaston) *L'homme moderne et son éducation*, Presses Universitaires de France, 1960.
- *Caractère et personnalité*, Paris, Presses Universitaires de France, 1952.
- Bergson (Henri), *L'évolution créatrice*, Paris, Presses Universitaires de France, soixante dix-septième édition, 1948.
- *La pensée et le mouvant. Essai et conférences*, Paris, Presses Universitaires de France, vingt-deuxième édition, 1946.
- *Matière et mémoire. Essais sur la relation du corps à l'esprit*, Paris, Presses Universitaires de France, cinquante quatrième édition, 1953.
- *Les deux sources de la morale et de la religion*, Paris, Presses Universitaires de France, Cent soixante-quatrième édition, 1967.
- *Essai sur les données immédiates de la conscience*, Paris, Presses Universitaires de France, cent quarante-quatrième édition, 1970.
- *Le rire. Essai sur la signification du comique*, Paris, Presses Universitaires de France, deux cent treizième édition,1969.
- Blanché (Robert), *La logique et son histoire d'Aristote à Russel*, Paris, Armand Colin, 1970.
- Bourdieu et Passeron, *La reproduction*, Paris, Editions de minuit, 1970.

- Brun (Jean), *Les conquêtes de l'homme et la séparation ontologique*, Paris, Presses Universitaires de France, 1961.
- Brunschvicg (Léon), *Le progrès de la conscience dans la philosophie occidentale*, Paris, Félix Alcan, 1927.
- Burgelin (Pierre), *La philosophie de l'existence de Jean Jacques Rousseau*, Paris, Vrin, seconde édition, 1973.
- Canguilhem (Georges), *La connaissance de la vie*, Paris, Vrin, deuxième édition, 1980.
- *Etudes d'histoire et de philosophie des sciences*, Paris, Vrin, 1968.
- *Idéologie et rationalité dans l'histoire des sciences de la vie*, Paris, Vrin, 1977.
- Carton (Paul), *Le faux naturisme de Jean-Jacques Rousseau*, Paris, deuxième édition, 1951.
- Cassirer (Ernst), *La philosophie des lumières*, traduit de l'allemand et présenté par Pierre Quillet, Paris, Fayard, 1966.
- *Individu et Cosmos dans la philosophie de la renaissance*, traduit de l'allemand par Pierre Quillet, Paris, Editions de Minuit, 1984.
- *Essai sur l'homme*, traduit de l'anglais par Norbert Massa, Paris, Editions de Minuit, 1975.
- *Les systèmes post-kantiens. Le problème de la connaissance, la philosophie et la science des temps modernes*, traduction à l'initiative du Collège de Philosophie, Presses Universitaires de Lille, 1983.
- « Le problème Jean-Jacques Rousseau », traduction de Marc Buhot de Launay, in *Revue de Métaphysique et de Morale*, Paris, Armand Colin, I, avril-juin 1986, pp. 147-159 ; II, juillet-septembre 1986, pp. 399-423.
- Chateau (Jean), *L'enfant et ses conquêtes*, Paris, Vrin, deuxième édition, 1965.
- *La culture générale*, Paris, Vrin, deuxième édition, 1965.

- *Jean-Jacques Rousseau : sa philosophie de l'éducation*, Paris, Vrin, 1962.
- *Montaigne, psychologue et pédagogue*, Paris, Vrin, 1964.
- Clastres (Pierre), *La société contre l'état, Recherches d'anthropologie po1itique*, Paris, Editions de Minuit, 1978.
- Comte (Auguste), *Discours sur l'esprit positif, Ordre et Progrès*, Paris, Edition classique, Vrin, 1983.
- Conche (Marcel), *Le fondement de la morale*, Editions de Megare, 1982.
- *Temps et destin,* Editions de Mégare, 1980.
- *La mort et la pensée*, Editions de Mégare, deuxième édition, 1975.
- *Montaigne ou la conscience heureuse*, Editions Seghers, troisième édition, 1970.
- Condorcet, *Esquisse d'un tableau historique des progrès de l'esprit humain*, introduction et notes par Monique et François Hincker, Paris, Editions sociales, 1966.
- Debray (Régis), *Critique de la raison politique*, Paris, Gallimard, 1981.
- Delbos (Victor), *Figures et doctrines de philosophes,* Paris, Plon, 1918.
- *Le spinozisme*, Cours à la Sorbonne en 1912-1913, Paris, Vrin, 1972.
- Derathé (Robert), *Jean-Jacques Rousseau et la science politique de son temps*, Paris, Vrin, seconde édition, 1974.
- Descartes (René), *Œuvres philosophiques,* Textes établis et annotés par Ferdinand Alquié. Tome I (1618-1637) : *Premiers écrits ; Les règles pour la direction de l'esprit* ; *Le traité de la mécanique*, Classiques Garnier, 1963.
- *Discours de la méthode suivi des Méditations*, présentation et annotation par François Misrachi, Paris, Union Générale d'Editions, 1976.

- *Les passions de l'âme*, introduction et notes par Geneviève Rodis-Lewis, Paris, Vrin, 1970.
- *Les principes de philosophie* (première partie), introduction et notes par Guy Durandin, Paris, Vrin, 1965.
- Deschamps (dom L.M.), *Le maître des maîtres du soupçon*, présentation par André Robinet, bio-bibliographie par Michel Bastien, Paris, Seghers Philosophie, 1974.
- Dewey (John), *Expérience et éducation*, traduction française par Carroi, Paris, Armand Colin, 1968.
- Diderot, *Œuvres philosophiques*, textes établis avec introductions, bibliographies et notes par Paul Vernière, classiques Garnier, 1961.
- - *Œuvres romanesques*, texte établi avec présentation et notes par Henri Bénac, Classiques Garnier, 1962.
- Diogène Laërce, *Vie, Doctrines et Sentences des philosophes illustres*, Liv. I, traduction, notice et notes par Robert Genaille, Paris, Garnier Flammarion, 1965.
- Durkheim (Emile), *Education et sociologie* (Articles), Paris, Presses Universitaires de France, deuxième édition, 1973.
- *Les règles de la méthode sociologique*, Paris, Presses Universitaires de France, quatorzième édition, 1960.
- Espagnat (Bernard d'), *A la recherche du réel, Le regard d'un physicien*, Paris, Gauthier-Villars, 1980.
- Feuerbach (Ludwig), *L'essence du christianisme*, Présenté et traduit de l'allemand par Jean-Pierre Osier, Paris, François Maspero, 1982.
- Fichte (J.G.), *Discours à la nation allemande*, introduction de Marx Rouché, traduction de l'allemand par S. Jankélévitch, Paris, Aubier Montaigne, 1981.
- *La théorie de la science*, Exposé de 1804, Préface, traduction, notes par Didier Julia, Paris, Aubier Montaigne, 1967.

- Fink (Eugen), *Le jeu comme symbole du monde*, traduit de l'allemand par Hans Hildenbrand et Alex Lindenberg, Paris, Editions de Minuit, 1979.
- *La philosophie de Nietzsche*, traduit par Hans Hildenbrand et Alex Lindenberg.
- Flaubert (Gustave), *L'éducation sentimentale*, chronologie et préface par Jacques Suffel, Paris, Garnier Flammarion, 1982.
- Freud (Sigmund), *Malaise dans la civilisation*, traduit de l'allemand par Ch. et J. Odier, Paris, Presses Universitaires de France, neuvième édition, 1983.
- *Ma vie et la psychanalyse*, traduit de l'allemand par Marie Bonaparte, Paris, Gallimard, 1970.
- *Essais de psychanalyse*, Paris, Payot, (n.44).
- *Totem et tabou*, Paris, Payot, (n.77).
- *Introduction à la psychanalyse*, Paris, Payot, (n. 6).
- *Psychopathologie de la vie quotidienne*, Paris, Payot (n.97).
- Foucault (Michel), *Histoire de la folie à l'âge classique*, Paris, Union Générale d'Editions, 1964.
- *La psychologie de 1850 à 1950,* in *Tableau de la philosophie contemporaine* d'Alfred Weber et Denis Huisman, Paris, Editions Fischbacher, 1967, pp.591-605.
- *Les mots et les choses, une archéologie des sciences humaines*, Paris, G-allimard, 1967.
- *L'archéologie du savoir*, Paris, Gallimard, 1977. Ensuite vient l'*Histoire de la sexualité* en plusieurs volumes : tome 1 : *La volonté de savoir* Paris, Gallimard, 1976. tome 2 : *L'Usage des plaisirs*, Paris, Gallimard, 1934. tome 3 : *Le souci de soi*, toujours chez Gallimard.
- Fougeyrollas (Pierre), *Sciences sociales et marxisme*, Paris, 1980.

- Gal (Roger), *Histoire de l'éducation* Paris, Presses Universitaires de France (Que-sais-je), première édition, 1943.
- Garaudy (Roger), *Perspectives de l'homme, Existentialisme, Pensée Catholique. Marxisme*, Paris, Presses Universitaires de France, deuxième édition, 1960.
- *Dieu est mort. Etude sur Hegel*, Paris, Presses Universitaires de France, deuxième édition, 1970.
- *Appel aux vivants*, Paris, Editions du Seuil, 1979.
- *Comment l'homme devint humain*, Paris, Editions J.A., 1979.
- Goldmann (Lucien), *Le Dieu caché. Etude sur la vision tragique dans les Pensées de Pascal et dans le théâtre de Racine*, Paris, Gallimard, 1972.
- *Recherches dialectiques*, Paris, Gallimard, 1980.
- Granet (Marcel), *La pensée chinoise*, Paris, Albin Michel, 1980.
- Gueroult (Martial), *Etudes sur Fichte*, Paris, Aubier Montaigne, 1977.
- Hegel (G.M.L.), *Textes pédagogiques*, traduction et présentation : *La Pédagogie de Hegel* par Bernard Bourgeois, Paris, Vrin, 1978.
- *La phénoménologie de l'esprit,* traduction de Jean Hyppolite, tome 1 et 2, Paris, Aubier Montaigne.
- *Premières publications : Différence des systèmes philosophiques de Fichte et de Schelling ; Foi et savoir* ; traduction, introduction et notes par Marcel Méry, Paris, Editions Ophrys, quatrième édition, 1975.
- *Encyclopédie des sciences philosophiques I.* La science de la logique, Texte intégral, présenté, traduit et annoté par Bernard Bourgeois, Paris, Vrin, seconde édition, 1975.
- *Précis de l'encyclopédie des sciences philosophique. La logique. La philosophie de la nature. La philosophie de*

l'esprit ; traduction par J. Gibelin, Paris, Vrin, quatrième édition, 1978.

- *Principes de la philosophie du droit*, traduction d'André Kaan, préface de Jean Hyppolite, Paris, Gallimard, treizième édition, 1949.
- *La raison dans l'histoire*, traduction, introduction et notes par Kostas Papaioannou, Paris, Union Générale d'Editions, 1981.
- *Esthétique*, traduction S. Jankélévitch en 4 volumes, Paris, Flanmarion, 1979.
- Heidegger (Martin), *L'être et le temps*, traduit de l'allemand et annoté par Rudolf Boehm et Alphonse de Waelbens, Paris, Gallimard, 1965.
- *Lettre sur l'humanisme*, Texte allemand traduit et présenté par Roger Munier, nouvelle édition revue bilingue, Paris, Aubier Montaigne, 1977.
- Hobbes (Thomas), *Léviathan*, traduit de l'anglais, annoté et comparé avec le texte latin par François Tricaud, Paris, Editions Sirey, 1971.
- *De cive ou les fondements de la politique*, Traduction de Samuel Sorbière, présentation par Raymond Polin, Paris, Editions Sirey, 1981.
- Hont (Jacques d'), *Hegel en son temps (Berlin, 1818-1831)*, Paris, Editions sociales, 1968.
- Houtondji (Paulin), *Sur la "philosophie africaine"Critique de l'ethnophilosophie*, Paris, François Maspéro, 1980.
- Hume (David), *Œuvres -philosophiques choisies : Traité de la nature humaine de l'entendement*, traduit de l'anglais par Maxime David, nouvelle édition, préface de Lucien Lévy-Bruhl, Paris, Félix Alcan, 1930.
- Husserl (Edmond), *Idées directrices pour une phénoménologie*, traduit de l'allemand par Paul Ricœur, Paris, Tel Gallimard, 1985.

- *Méditations cartésiennes, Introduction à la phénoménologie*, traduit de l'allemand par Gabrielle Peiffer et Emmanuel Levinas, Paris, Vrin, 1969.
- *L'Idée de la phénoménologie (cinq Leçons)*, traduit de l'allemand par Alexandre Lowit, Paris, Presses Universitaires de France, deuxième édition, 1978.
- « Qu'est-ce que la phénoménologie », in *Tableau de la philosophie contemporaine* d'Alfred Weber et Denis Huisman.
- Hyppolite (Jean), *Genèse et structure de la phénoménologie de l'esprit de Hegel*, Paris, Aubier Montaigne, 1978.
- *Etudes sur Marx et Hegel*, Rivière, deuxième édition, 1965.
- *Introduction à la philosophie de l'histoire de Hegel,* Paris, Editions du Seuil, 1983.
- Jacob (François), *La logique du vivant - Une histoire de l'hérédité*, Paris, Tel Gallimard, 1983.
- Jacobi (F.H.), *Œuvres philosophiques*, traduction, introduction, notée de J.J. Anstett, Paris, Aubier Montaigne.
- Jaspers (Karl), *Introduction à la philosophie*, traduit par Jeanne Hersch, Paris, Union Générale d'Editions, 1972.
- *Les grands philosophes*, tome 1, Socrate- Boudha-Confucius-Jésus, traduit de l'allemand par C. Floquet, J, Hersch, Z. Tilliette, Paris, Union Générale d'Editions, 1970. *Les grands philosophes*, tome 2. Platon - Saint Augustin, traduit de l'allemand par Gaston Floquet, Jeanne Hersch, Hélène Naef, Paris, Union Générale d'Editions, 1970.
- Kierkegaard (Soren), *Le concept de l'angoisse, simple éclaircissement psychologique préalable au problème du péché originel*, traduit du danois par Knud Ferlov et Jean J. Gateau, Paris, Gallimard, 1960.

- *L'existence*, -textes traduits par P.H. Tisseau et choisis par Jean Brun, Paris, Presses Universitaires de France, troisième édition, 1972.
- Klein (Mélanie) et Rivière (Joan), *L'amour et la haine, Le besoin de séparation*, Paris, Payot, 1978.
- Kojève (Alexandre), *Introduction à la lecture de Hegel, Leçons sur la Phénoménologie de l'esprit professées* de 1933 à 1939 à l'Ecole des Hautes Etudes, réunies et publiées par Raymon Queneau, Paris, Tel Gallimard, 1979.
- Koyré (Alexandre), *Etudes d'histoire de la pensée philosophique*, Paris, Tel Gallimard, 1981.
- Labarrière (P.J.), *Structures et mouvement dialectique dans la phénoménologie de l'esprit de Hegel*, Paris, Nouvelle édition, Aubier Montaigne, 1985.
- Lachièze-Rey (Pierre), *Les idées morales, sociales et politiques de Platon*, Paris, Boivin.
- Lacroix (Jean), *L'échec*, Paris, Presses Universitaires de France, troisième édition, 1969.
- Lalande (André), *Vocabulaire technique et critique de la philosophie*, Paris, Presses Universitaires de France, douzième édition, 1976.
- Lapassade (Georges), *Essai sur la transe*, (Le matérialisme hystérique), Paris, Jean-Pierre Delarge, éditeur 1976.
- Lebrun (Gérard), *La patience du concept. Essai sur le Discours hégélien*, Paris, Gallimard, 1972.
- Lefebvre (Henri), *Le langage et la société*, Paris, Gallimard, 1966.
- *Introduction à la modernité,* Paris, Editions de Minuit, 1962.
- *L'idéologie structuraliste*, Paris, Editions Anthropos, 1975.
- *La fin de l'histoire*, Paris, Editions de minuit, 1970.

- Leibniz (G.W.), *La monadologie.* édition annotée et précédée d'une Exposition du Système de Leibniz, par Emile Boutroux- *Note terminale sur les principes de la Mécanique dans Descartes et dans Leibnitz* par Henri Poincaré, Paris, 1970.
- *Nouveaux essais sur l'entendement humain*, Chronologie et introduction par Jacques Brunschwig, Paris, Garnier Flammarion, 1980.
- *Essais de théodicée - Sur la bonté de Dieu, la liberté de l'homme et de l'origine du mal*, Chronologie et introduction par J. Brunschwig, Paris, Garnier Flammarion, 1969.
- Leif (J.), *Philosophie de l'éducation*, tome 2 : *Inspirations et tendances nouvelles*, Paris, Delagrave, 1974.
- *Philosophie de l'éducation*, tome 3 : *Les doctrines pédagogiques par les textes*, en collaboration avec A. Biancheri, Paris, Delagrave, 1978.
- Lénine (V.), *Matérialisme et empirio-criticisme*, Moscou, Editions du Progrès, 1973.
- *Cahiers philosophiques*, Moscou, Editions du Progrès, 1973.
- « Les tâches des Unions de la jeunesse » (Discours prononcé au IIIe Congrès de l'Union de la jeunesse communiste de Russie), 2 octobre 1920, in Lénine, *Œuvres choisies*, (en trois volumes), Moscou, Editions du Progrès, 1968.
- « De l'Etat » - Conférence faite à l'Université Sverdlov, le 11 Juillet 1919, in Lénine, *Œuvres choisies, ibid.*
- « Notes critiques sur la question nationale », 1913, in Lénine, *Culture et révolution culturelle.* Editions de Moscou, 1969.
- Lévi-Strauss (Claude), *Race et Histoire*, Suivi de l'œuvre de Claude -Lévi-Strauss par Jean Pouillon, Paris, Editions Gonthier, 1978.

- *Tristes tropiques*, Paris, Union Générale d'Editions, 1962.
- *Anthropologie structurale*, Paris, Plon, 1958.
- *La pensée sauvage*, Paris, Plon, 1962.
- *Le totemisme aujourd'hui*, Paris, Presses Universitaires de France, 1965.
- Lévinas (Emmanuel), *En découvrant l'existence avec Husserl et Heidegger suivi de nouveaux essais*, Paris, Vrin, 1962.
- Lévy-Bruhl (Lucien), *La mentalité primitive*, Paris, Presses Universitaires de France, quinzième édition, 1960.
- Préface au *Traité de la nature humaine de l'entendement de David Hume,* in *Œuvres philosophiques choisies*, *op. cit.*
- *Les carnets de Lucien Lévy-Bruhl*, Préface de Maurice Leenhardt, Paris, Presses universitaires de France.
- Livraga-Rizzi (J.A.), *Introduction à la philosophie d'Orient et d'Occident* (ouvrage collectif), tome 1, Paris, Editions Nouvelle Acropole, 1984.
- Locke (John), *Quelques pensées sur l'éducation,* traduction de G. Compayré, Introduction et Notes de J. Chateau, Paris, Vrin, 1966.
- *Traité du gouvernement civil*, traduction de David Mazel, Chronologie, Introduction, Bibliographie, Notes par Simone Goyard-Fabre, Paris, Garnier Flammarion, 1984.
- Lukacs (Georg), *Histoire et conscience de classe, Essais de dialectique marxiste,* traduit de l'allemand par Kostas Axelos et Jacqueline Bois, Préface de Kostas Axelos, Paris, Editions de Minuit, 1962.
- Machiavel (Nicolas), *Le Prince*, traduction, chronologie, introduction, bibliographie, notes et index par Yves Lévy, Paris, Garnier Flammarion, 1983.

- Magnard (Pierre), *Nature et Histoire dans l'Apologétique de Pascal*, Paris, Société les Belles lettres, 1975.
- Maine de Biran, *Œuvres choisies*, Introduction par Henri Gouhier, Paris, Aubier, 1942.
- *Maine de Biran ou le penseur de l'immanence radicale,* présentation, choix de textes, lexique, bibliographie par Gilbert Romeyer-Dherberg, Paris, Seghers Philosophie, 1974.
- Makarenko, *Poème pédagogique*, 1933, Moscou, Editions du progrès, 1953.
- *Problèmes de l'éducation scolaire soviétique*, Moscou, Editions du Progrès, 1938.
- *Malebranche et le rationalisme chrétien*, présentation, choix de textes, bibliographie par Ferdinand Alquié, Paris, Seghers Philosophie, 1977.
- Marcel (Gabriel), *Journal métaphysique*, Paris, Gallimard, 1968.
- Marcuse (Herbert), *L'ontologie de Hegel et la théorie de l'historicité*, traduit de l'allemand par Gérard Raulet et Henri Alexis Baatsch, Préface de Mimica Cranaki, Paris, Editions de Minuit, 1972.
- *L'homme unidimensionnel-Essai sur l'idéologie de la société industrielle avancée*, traduit de l'anglais par Monique Wittig et l'auteur, Paris, Editions de Minuit, 1977.
- *Eros et Civilisation. Contribution à Freud*, Paris, Editions de Minuit, 1963.
- *Raison et révolution, Hegel et la naissance de la théorie sociale*, présentation de Robert Castel, traduction de Robert Castel et Pierre-Henri Gonthier, Paris, Editions de Minuit, 1968.
- *Vers la libération. Au-delà de l'homme unidimensionnel*, Paris, Editions de Minuit, 1969.
- Marrou (H), *Histoire de l'éducation dans l'Antiquité*, Paris, Editions du seuil, 1955.

- Marx (Karl), *Œuvres Economie* en 2 tomes et le 3e tome consacré aux *Œuvres de philosophie*, Edition établie par Maximilien Rubel, Bibliothèque de la Pléiade, Paris, 1982.
- Mendel (Gérard) et Vogt (Christian), *Le manifeste éducatif. Contestation et socialisme*, Paris, Payot, 1973.
- Mendel (Gérard), *Pour décoloniser l'enfant, Sociopsychanalyse de l'autorité*, Paris, Payot, quatrième édition, 1974.
- Merleau-Ponty (Maurice), *Phénoménologie de la perception*, Paris, Gallimard, 1971.
- *Eloge de la philosophie et autres essais*, Paris, Gallimard, 1983.
- *Le Visible et l'Invisible, suivi de notes de travail*, texte établi par Claude Lefort, Paris, Gallimard, 1979.
- Monod (Jacques), *Le hasard et la nécessité. Essai sur la philosophie naturelle et la biologie moderne*. Paris, Editions du Seuil, 1971.
- Montaigne (Michel de), *Essais*, Paris, Gallimard Collection Folio, 1983, en 3 livres.
- Montesquieu, *De l'esprit des lois*, Chronologie, introduction, bibliographie par Victor Goldschmidt, Paris, Garnier Flammarion, 1979.
- More (Thomas), *L'utopie*, traduction de Victor Stouvenel, introduction et notes de Marcelle Bottigelli-Tisserand, Paris, Editions sociales, 1978.
- Nietzsche (Frédéric), *Ainsi parlait Zarathoustra, un livre pour tous et pour personne*, traduit par Henri Albert, Mercure de France, 1967.
- *Humain, trop humain, Un livre pour esprits libres*, 1 et 2, texte établi par G. Colli et M. Montinari, traduit de l'allemand par Robert Rovini, Paris, Gallimard (idées), 1981.
- *Aurore. Pensées sur les préjugés moraux*, Traduction de Julien Hervier, Paris Gallimard (idées), 1983.

- *La généalogie de la morale*, traduit de l'allemand par Henri Albert, Paris, Gallimard (idées), 1983.
- *Le gai savoir*, traduit de l'allemand par Alexandre Vialatte, Paris, Gallimard (idées), 1984.
- *Le livre du philosophe. Etudes théorétiques*, traduction, introduction et notes par Angèle K. Marietti, édition bilingue, Paris, Aubier Flammarion, 1969.
- *Par delà bien et mal*, traduction de Cornélius Heim, Paris, Gallimard (idées), 1983.
- *L'Antéchrist,* traduit de l'allemand par Jean-Claude Hémery, Paris, Gallimard, (idées), 1982.
- *La naissance de la tragédie*, traduit de l'allemand par Geneviève Bianquis, Paris, Gallimard (idées) 1983.
- Obenga (Théophile), *L'Afrique dans l'antiquité. Egypte pharaonique-Afrique noire*, Préface de Cheik Anta Diop, Présence Africaine, 1973.
- Pascal (Blaise), *Pensées suivies des Ecrits sur la Grâce*, texte établi, annoté et préfacé par Jacques Chevalier, Paris, Gallimard, 1937.
- *Pensées*, Texte établi par Léon Brunschwig, chronologie, introduction, notes, archives, index par Dominique Desnotes, Paris, Garnier Flammarion, 1976.
- *Lettres écrites à un provincial*, Chronologie et introduction par Antoine Adam, Paris, Garnier Flammarion, 1967.
- Piaget (Jean), *Où va l'éducation* ? Paris, Denoël-Gonthier, 1973.
- *Psychologie et pédagogie,* Paris, Denoël, 1969.
- *Epistémologie des sciences de l'homme,* Paris, Gallimard, 1970.
- Pinloche (A.), *La réforme de l'éducation en Allemagne au XVIIIe siècle, -Basedow et le philanthropinisme*, Paris, Armand Colin, 1889.
- Platon, *La République*, *Gorgias, Protagoras, Parménide, Théetète, Le Banguet, Phèdre, Timée, Sophiste,*

Phédon, Politique, Lachès, Ménon aux Editions Garnier Flammarion, Petite collection.

- Polin (Raymond), *Ethique et politique*, Paris, Editions Sirey, 1958. *La politique de la solitude. Essai sur la Philosophie politique de Jean-Jacques Rousseau,* Paris, Editions Sirey, 1971 ; *Politique et philosophie chez Thomas Hobbes*, Paris, Vrin, seconde édition, 1977. *La création des valeurs*, Paris, Presses Universitaires de France, 1944.
- Prigogine (Ilga) et Stengers (Isabelle), *La Nouvelle Alliance. Métamorphose de la science*, Paris, Grallimard, 1981.
- Proust (Marcel), *A la recherche du temps perdu*, en 8 volumes chez Gallimard, Collection folio, *Du côté de chez Swann, A l'ombre des jeunes filles en fleurs*, *Le côté de Guermantes I, Le côté de Guermantes II, Sodome et Gomorrhe, La Prisonnière, Albertine disparue, Le temps retrouvé.*
- Rolland de Renéville (Jacques), *Voyage au centre du monde, Essai de Philosophie politique*, Paris, Editions Anthropos, 1975.
- Ross (David), *Aristote*, traduit par Jean Samuel, Publications Gramma, 1971.
- Rousseau. (Jean-Jacques), *Emile ou de l'éducation*, *Julie ou La Nouvelle Heloïse, Discours sur les sciences et les arts*, *Discours sur l'origine et les fondements de l'inégalité parmi les hommes, Du Contrat social, Essai sur l'origine des langues, Lettre à D'Alembert, Les Confessions 1 et 2, Les rêveries du promeneur solitaire,* chez Garnier Flammarion ; *Jean-Jacques Rousseau,* Lettres, Présentation, choix et notes de Marcel Raymond, Lausanne, 1959.
- Ruffié (Jacques), *De la biologie à la culture*, Paris, Flammarion, 1977.

- Russel (Bertrand), *La philosophie de Leibni,* traduit par J. et R. Ray, Paris, Gordon, 1970.
- Salomon (Pierre), *Précis d'histoire de la littérature française*, Paris, Masson et Cie, 1969.
- Sartre (Jean-Paul), *L'être et le néant, Essai d'ontologie phénoménologique*, Paris, Gallimard, 1973 ; *L'existentialisme est un humanisme*, Paris, Nagel, 1970 ; *Lettres au Castor et à quelques autres*, Paris, Gallimard, 1985 ; *Cahiers pour une morale*, Paris, Gallimard, 1983 ; *Réflexions sur la question juive*, Paris, Gallimard, 1985 ; *L'imaginaire. Psychologie-phénoménologique de l'imagination*, Paris, Gallimard, 1978 ; *La nausée*, Paris, Gallimard, 1979 ; *Critique de la raison dialectique*, Paris, N.R.F, 1960.
- Schaft (Adam), *Structuralisme et marxisme*, traduit du polonais par Claire Brendel, Paris, Editions Anthropos, 1974.
- Schelling (F.W.J.), *Œuvres métaphysiques*, traduites de l'allemand et annotées par Jean-François Courtine et Emmanuel Martineau, Paris, Gallimard, 1980.
- Schneider (Marcel), *Jean-Jacques Rousseau et l'espoir écologiste*, Paris, Editions Pygmalion, 1978.
- Schopenhauer, *Le Monde comme volonté et comme représentation*, traduction A. Burdeau, Paris, Presses Universitaires de France, 1966.
- *De la volonté dans la nature*, traduction avec introduction et notes par Edouard Sans, Paris, Presses Universitaires de France, première édition, 1969.
- *Le fondement de la morale*, traduction par A. Burdeau, Paris, Aubier Montaigne, 1978.
- *Aphorismes sur la sagesse dans la vie*, traduction de J.A. Cantacuzène, Paris, Presses Universitaires de France, 1964.
- Schuhl (P.M.), *Essai sur la formation de la pensée grecque*, Paris, Presses Universitaires de France, 1932.

- Schumpeter (J.), *Capitalisme Socialisme et Démocratie*, traduit de l'anglais par Gaël Fain, Paris, Payot, 1969.
- Sève (Lucien), *Marxisme et Théorie de la Personnalité*, Paris, Editions sociales, quatrième édition, 1975.
- Spinoza, *Ethique*, traduction nouvelle avec notice et notes par Charles Appuhn, tome 1 et 2, Paris, Classiques Garnier, 1953.
- *Œuvres II, Traité théologico-politique*, traduction et notes par Charles Appuhn, Paris, Garnier Flammarion, 1971.
- *Traité politique*, traduction, introduction et notes par Sylvain Zac, Paris, Vrin, 1968.
- *Traité de la réforme de l'entendement, et de la meilleure voie à suivre pour parvenir à la vraie connaissance des choses*, traduction et notes par Alexandre Koyré, Paris, Vrin, quatrième édition, 1969.
- Starobinski (Jean), *Jean-Jacques Rousseau, la transparence et l'obstacle*, Paris, Plon, 1958.
- Ulmann (Jacques), *La nature et l'éducation. L'idée de nature dans l'éducation physique et dans l'éducation morale*, Paris, Vrin, 1964.
- *De la gymnastique aux sports modernes - Histoire des doctrines de l'éducation physique*, troisième édition, revue, corrigée et augmentée d'un essai *Que faut-il entendre par éducation physique ?* Paris, Vrin, 1977.
- *La pensée éducative contemporaine*, Paris, Vrin, seconde édition, 1982.
- *Les débuts de la médecine des enfants*, Paris, Palais de la Découverte, 1967.
- *Corps et civilsation,* Paris, Vrin, 1993.
- Vadée (Michel), *L'idéologie*, Paris, Presses Universitaires de France, première édition, 1973.
- Valéry (Paul), *Regards sur le monde actuel*, Paris, Gallimard, 1982.
- *Variété 1 et 2*, Paris, Gallimard, 1978.

- *Tel quel I et II*, Paris, Gallimard, 1971.
- *Monsieur Teste*, Paris, Gallimard, 1969.
- Védrine (Hélène), *Les philosophies de l'histoire, déclin ou crise ?* Paris, Payot, 1974.
- *Les ruses de la raison, Pouvoir et pouvoirs*, Paris, Payot, 1982.
- Vialatoux (Joseph), *L'intention philosophique*, Paris, Presses Universitaires de France, septième édition, 1967.
- Vincent (Jean Marie), *Fétichisme et société*, Préface de François Chatelet, Paris, Editions Anthropos, 1973.
- Voltaire, *Dictionnaire philosophique*, Chronologie et préface par René Pomeau, Paris, Garnier Flammarion, 1983.
- *Lettres philosophiques*, Chronologie et préface par René Pomeau, Paris, Garnier Flammarion, 1982.
- Wahl (Jean), *Le malheur de la conscience dans la philosophie de Hegel*, Paris, Presses Universitaires de France, deuxième édition, 1951.
- Waldenfels (Hans), *La méditation en Orient et en Occident*, Traduit de l'allemand par François Vial, Paris, Editions du Seuil, 1981.
- Weber (Alfred) et Huisman (Denis), *Histoire de la philosophie européenne*, tome 1 : *Philosophie Antique et médiévale*, préface de Gabriel Marcel, Paris, Editions Fischbacher, 1964 ; tome 2 : *Tableau de la Philosophie moderne : De la Renaissance à 1850*, Paris, Editions Fischbacher, 1965 ; tome 3 : *Tableau de la Philosophie contemporaine : De 1850 à nos jours*, Paris, Editions Fischbacher, 1967.
- Weil (Eric), *Logique de la philosophie.* Paris, Vrin, deuxième édition, 1974 ; *Philosophie morale*, Paris, Vrin, troisième édition, 1981 ; *Philosophie politique*, Paris, Vrin, quatrième édition, 1984 ; *Hegel et l'état*, Cinq conférences, Paris, Vrin, deuxième édition, 1966.

9. Index

9.1. Index des notions

9.2. Index des noms

Table des matières

L'HARMATTAN, ITALIA
Via Degli Artisti 15; 10124 Torino

L'HARMATTAN HONGRIE
Könyvesbolt ; Kossuth L. u. 14-16
1053 Budapest

L'HARMATTAN BURKINA FASO
Avenue Mohamar Kadhafi (Ouaga 2000) – à 200 m du pont échangeur
12 BP 226 OUAGADOUGOU
(00226) 50 37 54 36
harmattanburkina@yahoo.fr

ESPACE L'HARMATTAN KINSHASA
Faculté des Sciences sociales,
politiques et administratives
BP243, KIN XI
Université de Kinshasa

L'HARMATTAN CONGO
67, av. E. P. Lumumba
Bât. – Congo Pharmacie (Bib. Nat.)
BP2874 Brazzaville
harmattan.congo@yahoo.fr

L'HARMATTAN GUINÉE
Almamya Rue KA 028, en face du restaurant Le Cèdre
OKB agency BP 3470 Conakry
(00224) 60 20 85 08
harmattanguinee@yahoo.fr

L'HARMATTAN CÔTE D'IVOIRE
M. Etien N'dah Ahmon
Résidence Karl / cité des arts
Abidjan-Cocody 03 BP 1588 Abidjan 03
(00225) 05 77 87 31

L'HARMATTAN MAURITANIE
Espace El Kettab du livre francophone
N° 472 avenue du Palais des Congrès
BP 316 Nouakchott
(00222) 63 25 980

L'HARMATTAN CAMEROUN
BP 11486
Face à la SNI, immeuble Don Bosco
Yaoundé
(00237) 99 76 61 66
harmattancam@yahoo.fr

L'HARMATTAN SÉNÉGAL
« Villa Rose », rue de Diourbel X G, Point E
BP 45034 Dakar FANN
(00221) 33 825 98 58 / 77 242 25 08
senharmattan@gmail.com

Achevé d'imprimer par Corlet Numérique - 14110 Condé-sur-Noireau
N° d'Imprimeur : 84543 - Dépôt légal : janvier 2012 - *Imprimé en France*